전라북도의
종교와 신화

전라북도의 종교와 신화

초판 1쇄 발행 2021년 1월 30일

지은이 고은임 · 김민아 · 박범석 · 박병훈 · 배금란 · 오성준 · 조원형 · 최어진
펴낸이 오세정
편집 박희자
디자인 장혜원
인쇄 수이북스

펴낸곳 서울대학교출판문화원
주소 08826 서울 관악구 관악로 1
도서주문 02-889-4424, 02-880-7995
홈페이지 www.snupress.com
페이스북 @snupress1947
인스타그램 @snupress
출판등록 제15-3호

ISBN 978-89-521-3037-2 93200

이 책은 문화체육관광부, 전라북도, (사)세계종교평화협의회의 지원을 받아
출판되었습니다.

전라북도의
종교와 신화

고은임 김민아 박범석 박병훈
배금란 오성준 조원형 최어진

서울대학교출판문화원

머리말

'신화'라고 하면 우주 탄생이나 건국 등을 다룬 고대의 이야기 또는 신과 영웅에 대한 이야기라고만 생각하기 쉽다. 그러나 넓은 의미에서 신화는 사람들이 진실된 것으로 받아들이면서 그 속에 담긴 의미나 가치들을 계속해서 지키고자 노력하는 이야기 모두를 포괄한다. 현대인들이 기록하고 나누는 이야기들도 그들이 참으로 받아들이거나 성스럽게 여겨 삶의 모범으로 삼는 한에서는 신화의 지위를 획득해가고 있다고 말할 수 있다. 따라서 신화는 과거에 갇혀 있는 고정된 이야기가 아니라, 인간의 역사 속에서 끊임없이 탄생하고 변주되며 소멸하기도 한다. 이 책은 바로 전라북도에 전해지는 다양한 신화적 이야기들을 다룬다.

전라북도는 오랜 역사를 자랑하는 다양한 종교 전통이 공존하는 지역이다. 주지하다시피 김제의 금산사, 고창의 선운사, 부안의 내소사, 남원의 실상사 등의 사찰은 화려하게 꽃 피었던 한국 고대 불교문화의 자취를 고스란히 간직하고 있다. 여기에 더해 전라북도는 한국 천주교 역사에서도 중요하다. 익산의 나바위성당은 조선 최초의 신부 김대건 안드레아가 사제 서품을 받고 돌아온 것을 기념하여 세워졌다. 전주의 전동성당은 한국 천주교 최초의 순교지이다. 전동성당 외에도 전주의 치명자산 성지, 완주의 초남이 성지, 천호 성지 등 순교와 관련된 유적지가 곳곳에 남아 있다. 개신교사에서도 전라북도는 남다른 의미를 지닌다. 전주의 서문교회는 호남 지역 최초의 개신교 교회이며, 백 년 이상의 역사를 가진 여러 교회들이 전라북도에 자리하고 있다.

전라북도는 한국의 신종교가 발생하고 성장한 현장이기도 하다. 동학농민운동은 정읍 고부 농민들의 봉기로 시작하여 전주를 중심으로 활발히 전개되었고, 그 사상이 현재 천도교로 이어져오고 있다. 김제의 모악산은 증산교의 교조인 강일순이 환생할 곳이라고 여겨지는 성지이다. 또한 익산은 소태산이 원불교의 모태가 된 불교연구회를 처음 조직한 곳으로, 현재 원불교의 중앙총부가 자리해 있다. 한편 독경(讀經) 사설이나 서사무가를 통해 전라북도 무속의 역사와 전통도 이어지고 있다. 이와 같이 전라북도는 종교적 다양성과 역사성을 아우르고 있는 곳이라고 할 수 있다.

또한 전라북도는 한국 문화예술사에서도 중요한 위치를 점하고 있다. 한국의 문자문화사/출판문화사를 이야기하면서 전라북도를 빼놓을 수는 없다. 18세기 이후 민간에서 영리를 목적으로 목판에다 글자를 새겨서 찍어내는 '방각(坊刻)'이 등장하였는데, 특히 종이와 물산이 풍부했던 전주 지역에서 이른바 '완판(完板)' 방각본이 탄생했다. 전라북도는 이 '완판'을 중심으로 하는 문자문화의 중심지일 뿐만 아니라, '판소리'로 대표되는 구술문화의 중심지이기도 하다. 판소리는 전라도 지역을 중심으로 성장·발전해 나갔으며, 판소리의 성장은 조선 후기 예술사 전반에 영향을 미쳤다. 전라북도가 자타공인 예향(藝鄕)으로 불리고 또 오늘날까지 수많은 문화예술인을 배출하고 있는 까닭도 이와 무관하지 않을 것이다.

지금까지 살펴본 것과 같이 전라북도는 역사·문화적으로 보았을 때 특별한 의미를 지니는 곳이다. 역사의 굽이굽이 '격변'의 시대에 전라북도에서는 주목할 만한 많은 사건이 일어났고, 그와 관련된 이야기들은 오늘날까지도 해당 지역 사람들을 통해 면면히 전해지고 있다. 이 이야기들을 '신화'라고 부를 수 있는 까닭이 여기에 있다.

이 책은 "신화의 탄생: 전라북도의 이야기, 한국의 이야기"라는 주제로 전주에서 개최된 〈2020 세계종교포럼〉으로부터 시작되었다. 이 포럼의 발표 원고들 중에서 전라북도의 종교와 신화를 다룬 원고들을 추려 단행본의 성격에 맞게 수정·보완하고, 새로운 필자를 모셔 원고를 추가해 책의 완결성을 높이고자 하였다. 이 책에 실린 글들을 간략하게 소개하면 다음과 같다.

배금란의 「관세음보살, 우리 땅에 사는 자비의 화신: 변산반도와 월출산에 깃든 관세음보살의 자취」는 변산반도와 월출산이 관세음보살의 성지로 구축되는 과정을 지역에 전해 내려오는 여러 설화 및 자료들을 통해 보여준다. 절실한 부름에 즉시 응답하고 죽은 후에 극락정토로 안내하는 신성한 존재인 관세음보살이 삶과 죽음의 문제를 의탁하는 귀의처로 우리 민중의 신앙 속에 자리매김했던 양상을 변산반도와 월출산 소재의 불교 문화유산을 토대로 생생하게 드러낸다.

김민아의 「전북 지역 초기 개신교회의 '처음'에 관한 이야기」는 전라북도의 첫 개신교 신자들 및 처음 세워진 교회들과 관련된 이야기들을 현재 기억하는 것이 어떠한 의미를 갖는지에 주목한 글이다. 김민아는 전라북도에 소개된 개신교를 통해 병이 낫고 주체성을 확립했으며 사회 개혁의 열망을 지킬 수 있었다고 기억되는 사람들의 이야기들, 사회적 약자를 위하고 신분 차별의 장벽을 넘어섰으며 자주적 공동체를 세우고자 했다는 초기 교회의 이야기들을 분석한다. 그리고 현재 이 이야기들을 반복적으로 되살리고 기억함으로써 전라북도, 나아가 한국의 개신교인들이 그 속에서 삶의 모범을 발견하고자 노력한다는 점을 강조한다.

오성준의 「'만남'을 통해 본 전주 지역 초기 개신교 풍경」은 개신교 선교사들이 처음 전주 지역에 정착하던 당시의 모습을 조망하고 있다. 초기 개신교와 관련한 기록들이 교회 내부에 한정되어 있는 상황에서, 이 글은 현재의 우리가 읽어낼 수 있는 의미가 무엇인지 고민한 결과이다. 각종 기사나 선교사들이 주고받은 편지, 개인적인 기록과 교회 내부 기록들을 교차 검토하여 당시의 풍경을 재구해본 이 글을 통해 독자들은 초기 개신교가 병원, 학교 등을 통해 전주 지역 사람들과 만나고 소통했던 현장으로 돌아가 볼 수 있을 것이다.

박병훈의 「전북과 삼타원 최도화가 만난 산들」은 전라북도와 관련하여 원불교 역사에서 매우 중요한 최도화라는 인물을 소개한다. 최도화는 원불교의 교조인 소태산 및 2대 종법사인 정산, 3대 종법사인 대산과 깊은 인연을 가지고 있으며, 이들과의 만남은 진안 만덕산과 부안 변산을 중심으로 이루어진다. 최도화는 만덕산과 변산에서 소태산, 정산, 대산이라는 커다란 산들을 만났고, 이러한 인연이 새로운 회상을 만들어가는 크나큰 원동력이 된다. 최도화의 이야기는 일제 강점기라는 절망적인 사회 현실과 여성이라는 제약에도 불구하고 한 여성의 종교적 열망과 헌신이 무수한 인연을 꽃피웠음을 보여준다.

조원형의 「순교의 땅에 세운 신앙 공동체: 전라북도 지역 천주교회의 어제와 오늘」은 한국 천주교 최초의 순교지인 전라북도 지역을 중심으로 천주교회사를 조명한 글이다. 천주교는 18세기 말 조선에 전래된 이래 국가 차원의 가혹한 박해에도 불구하고 조선 사회 곳곳에 전파되었는데, 저자는 바로 그 원동력 중의 하나로 천주가사에 주목하고 있다. 전라북도에서 향유되고 전승된 천주가사를 살펴보는 이 글을 통해 해당 종교가 어떻게 교세를 확장해갔는가 하는 문제뿐만 아니라, 새로운 세계를 염원했던 당대 민중들의 염원을 읽어낼 수 있을 것이다.

박범석의 「칠성풀이 서사와 정서 치유」는 전라북도에서 채록된 칠성풀이 서사 분석을 통해 무가의 치유적 성격을 논의한 글이다. 저자는 칠성풀이의 서사 구조, 가족 구도, 통과의례 양상의 분석을 통해 고난과 희생의 역할 관계가 현대의 가족 상황에서도 재현되고 있음을 보여준다. 칠성풀이와 같은 고난 극복 서사의 공감과 소통 기능이 현대인들에게 정서 치유 효과를 발휘할 수 있다고도 말한다. 종교 의례의 맥락을 넘어서 치유적 서사 분석의 대상으로 칠성풀이에 접근한 점에서 이 글의 독창성을 확인할 수 있다.

고은임의 「〈심청전〉, 신화가 되다」는 〈심청전〉을 중심으로 작품에 담겨 있는 신화적 사유를 살피는 글이다. 〈심청전〉은 고전소설 중에서도 많은 이본을 남긴 작품에 속하는데, 그중에서도 전주 지역에서 간행되었던 완판 〈심청전〉은 〈심청전〉 서사가 거의 완성 단계에 이르렀음을 보여주는 이본으로 여겨지고 있다. 고은임은 바로 이 완판본 〈심청전〉을 중심으로, 작품 속 인물들의 관계를 통해 '증여'와 '순수증여'의 메커니즘을 읽어내고 있다. 이 글은 오늘날까지 〈심청전〉이 사랑받는 이유에 대한 하나의 답이 될 수 있을 것이다.

최어진의 「전라도의 신화, 소리꾼의 일생」은 소리꾼과 관련된 이야기들을 소개하고 그 의미를 살피는 글이다. 판소리는 전라도 지역에서 발생하여 우리 민족을 대표하는 민족예술로 성장하였다. 저자는 바로 이 전라도 지역을 중심으로 소리꾼과 관련된 이야기들이 향유·전승되는 양상을 살핀다. 이 글에 소개되어 있는 소리꾼의 일생에 관한 이야기들을 따라가다 보면, 판소리 문화를 이해하는 한편 지역 사람들의 의식세계 또한 엿볼 수 있을 것이다.

이 책에서 다루는 이야기들은 사실 관계를 파악하기 어려운 것들도 상당하다. 그러나 많은 사람들이 신화에 주목하는 이유가 그 속에 담긴 내용의 진위 여부에 대한 관심 때문이 아니듯, 저자들 역시 이 이야기들의 '사실성'에만 주목하지는 않았다. 신화와 관련해서 중요한 것은 사실성 자체가 아니라, 사람들이 그것을 참으로 받아들인다는 점이라고 볼 수 있을 것이다. 따라서 이 책에 실린 글들은 전라북도에 전해지는 이야기들이 역사적 사실과 어떻게 부합하는지 대조해보거나 사실 관계를 최대한 파악하고자 한 경우도 있지만, 아예 허구적 이야기를 대상으로 삼거나 이야기의 사실성에는 별다른 관심을 기울이지 않은 경우도 있다. 다만 전라북도에 전해지는 신화적 이야기들에 주목하고, 그 안에 흐르고 있는 전라북도 사람들 특유의 사유에 다가가고자 했다는 점에서는 모두 공통적이라고 할 수 있다.

국문학, 종교학, 언어학 등 다양한 분야의 연구자들이 자신이 몸담고 있는 학문의 영역에서 출발하여 불교, 개신교, 천주교, 원불교, 무속, 고전소설과 판소리 문화 등에 녹아 있는 신화적 사유를 두루 다루었다. 다만 독자들이 단숨에 읽어낼 수 있도록 전문적인 내용이나 각주를 최소화하고 흥미롭게 구성하기 위해 노력했다. 자세한 내용이 궁금한 독자들에게는 각 글의 말미에 제시된 참고문헌 목록이 좋은 지침이 될 수 있을 것이다. 이 책이 출판되어 전라북도의 이야기, 거기에 담긴 해당 지역 사람들 특유의 사유, 나아가 이 모든 것이 지닌 의미를 대중들에게 알릴 수 있길 기대한다.

〈2020 세계종교포럼〉을 기획하고 신진 학자들에게 좋은 기회를 제공해주신 서울대학교 유요한 교수님과 정병설 교수님께 깊은 감사를 드린다. 이 기획이 없었다면 이 책이 세상에 나올 수 없었을 것이다. 포럼의 진행을 맡아 수고해주신 세계종교평화협의회 실무자분들과 출판 과정에서 도움을 주신 서울대학교출판문화원 관계자들께도 감사의 마음을 전한다.

2021년 1월
저자들을 대신하여
김민아, 최어진 씀

차례

<심청전>, 신화가 되다 고은임

전라도의 신화, 소리꾼의 일생 최어진

관세음보살, 우리 땅에 사는 자비의 화신

변산반도와 월출산에 깃든 관세음보살의 자취

***

배금란

삼계 중생의 구제자 관세음보살

삼계(三界)는 생명체가 사는 모든 세계를 세 가지 차원으로 구분하여 함축적으로 표현한 불교 용어이다.[1] 중생(衆生)은 삼계 내에 존재하는, 사람을 포함한 뭇 생명체를 가리킨다. 그 가운데 우리 인간이 살아가는 세계는 욕계(慾界)이다. 욕망과 갈애로 뒤엉켜 경쟁과 고통이 가득한 세계이다. 그리고 수행을 통해 그와 같은 고통에서 벗어나 궁극적인 행복과 평안에 도달하는 것이 불교가 제시하는 구원이다.

가능한 세간을 멀리 벗어나 개인적 차원의 해탈과 열반을 지향했던 초기 및 부파 시대의 불교는 서력기원을 전후로 출현했던 대승(大乘) 수행자들에 의해 '작은 수레,' 즉 '소승(小乘)'으로 비판받았다. '하화중생(下化衆生)'을 기치로, 중생을 내 몸처럼 여기는 동체대비(同體大悲)의 자비행을 성불(成佛)의 토대로 간주했던 대승 수행자들은 소승 수행자인 성문(聲問), 연각(緣覺)과 구별하여 자신들의 정체성을 '보살(菩薩, Bodhisattva)'로 규정했다. '보살'은 깨달음과 지혜를 뜻하는 '보디(Bodhi)'와 생명 있는 존재를 의미하는 '사뜨와(sattva)'의 한역인 '보리살타(菩提薩埵)'의 준말이다. '깨달음을 추구하는 존재' 또는 '깨달은 존재'로 해석할 수 있다.[2] "깨달은 자가 되어 고통에 처한 중생을 구하리라."는 보리심(菩提心)이 보살 수행의 기반이 된다. 따라서 보살은 중생을 떠나서는 성립될 수 없는 개념이다.

보살이란 말은 석가모니가 성도하기 전 수행자로 살았던 전생을 가리키는 개념으로 처음 사용되었다. 대표적 불전 문학서인 『마하와스투(*Mahavastu*)』에는 현생의 석가불로 탄생하기까지 무수한 생애 동안 실천되어온 보살 석가의 자비행이 기록되어 있다. "언젠가 붓다가 되어 사람들을 깨달음과 해탈, 완전한 행복과 평안으로 인도하리라."라고 서원(誓願)함으로써 장차 '석가불'이 되리라는 수기(授記)를 받았다고 한다. 이러한 서원을 통해 전생에서 석가모니가 실천했던 중생구제활동이 대승불교 수행자들의 롤 모델이 되었다.

이처럼 고통받는 중생에 대한 연민과 구제활동을 강조했던 대승불교의 가장 큰 특징은 관음, 문수, 보현, 지장 등과 같은 대보살 관념의 출현이라고 할 것이다. 대보살은 수행을 완성해서 성불의 경지에 도달했으나 평안의 세계인 열반으로 나아가지 않고 무지와 욕망으로 고통받는 중생 세계에 투신하여 그들을 깨우치고 구제하는 존재들이다. 그리고 이들 대보살 가운데서 한국, 중국, 일본 등 동아시아 불교권에서 가장 인기가 높았던 신성이 관세음보살이다. 관자재보살(觀自在菩薩)로 불리기도 하는데, 대체로 관세음(觀世音) 또는 관음(觀音)으로 호명되어 왔다.

반야, 법화, 화엄, 정토, 밀교 등 대승불교 신앙 전반에서 관세음보살은 석가모니불, 아미타불, 비로자나불의 지혜와 권위, 신력을 위임받은 불이(不二)의 신성으로서, 이들 부처를 대신하여 '삼계'로 표명된 온 세상의 중생을 돌보는 실질적인 구제자로 상정되었다. 『반야경』에서는 반야바라밀[3]의 지혜로 사람들이 집착하는 '나와 세계'의 실상이 공(空)임을 관조하여 일체 고통의 바다를 건넌 존재로 묘사하고 있다. 『법화경』은 자연적·사회적으로 부딪히는 각종 재난에서 구제해주고, 아들과 딸을 원하는 대로 얻게 해주며, 탐심, 분노, 어리석음의 장애를 치유하는 신성으로 강조하고 있다. 『화엄경』은 우리가 살아가는 세계에 상주하면서 자비심으로 중생을 교화하는 성인으로 나타내고 있다. 이러한 교설을 기반으로 인도는 물론 동아시아 각지에 관세음보살이 상주한다고 여겨지는 성지(聖地)들이 형성되기도 했다. 아미타 정토 신앙에서 관세음보살은 임종 시에 망자의 영혼을 극락정토로 인도하는 안내자이다. 이상과 같은 관세음보살의 위신력은 밀교 신앙에서 열한 개의 얼굴, 천 개의 눈, 천 개의 손을 가진 변화관음상으로 표현되기도 했다.

자비의 구제자로서 관세음보살의 위상은 무엇보다 '관세음'이란 명호를 통해서 분명히 드러난다. 세간의 음성, 즉 재난과 고통의 상황에서 관세음보살의 이름을 간절히 한 번 소리 내어 부르기만 해도 슈퍼맨처럼 즉시 나타나 구제한다는 의미가 내포되어 있기 때문이다. 『법화경』「보문품」에는 수행자, 관료, 사업가, 여인, 어린아이 등 우리와 친숙한 모습으로 화신(化身)을 나타내어 구제한다고 설해져 있다. 이러한 화신 구제의 관념은 관세음보살이 가장 인기 있는 신앙 대상으로 자리매김할 수 있었던 동인이었다.[4]

우리 땅에 사는 관세음보살

관세음보살은 오늘날 한국 불교인들 사이에서도 가장 대중적인 지지를 받고 있다. 현 한국 불교의례에서 필수적으로 독송되는 『반야심경』과 『천수경』은 관세음보살 소의(所依)의 경전이자 의궤이다. 또 한국 불교 사찰의 전각 구성에서 법당과 함께 빠지지 않는 것이 관음전이다. 별도로 '관음사'를 사명(寺名)으로 내세운 곳도 상당하다. 한국 불교문화 체험 프로그램인 '템플스테이(Templestay)'를 주관하는 한국 불교문화사업단이 제시한 33 관음 성지를 살펴보면 우리나라 전국의 유명 사찰들이 대부분 포함되어 있다. 그 가운데 4대 성지로 알려진 곳이 양양 낙산사, 강화 보문사, 남해 보리암, 여수 향일암이다. 이 글의 주제와 관련하여 전라도 지역 소재의 관음성지를 살펴보면 전북의 금산사(김제), 내소사(부안), 선운사(고창), 그리고 전남의 백양사(장성), 대흥사(해남), 향일암(여수), 송광사(순천), 화엄사(구례)가 포함되어 있다.

그런데 이들 33 관음 성지는 현존의 대형 사찰들을 중심으로 문화관광사업의 일환에서 지정되었기 때문에 한국 관음신앙의 원형적 의미를 보여주는 주요 사찰이나 성지가 반영되지 못했다는 아쉬움이 있다. 대표적인 예로 토함산 석굴암, 오대산 동대 관음암, 그리고 〈심청전〉의 원형 설화가 있는 곡성 관음사 등을 들 수 있다. 관세음보살 성현(聖顯)과 관련된 고대의 신화적 서사를 간직한 관음 성지로서 이 사찰들이 갖는 상징적 의미는 매우 크다. 또 이 글에서 살펴보게 될 변산반도와 월출산 역시 한국 관음신앙의 시원(始元)을 보여주는 장소라는 점에서 빼놓을 수 없다. 백제 시대 불교가 처음 전래된 영광 법성포의 위아래에 인접하여 관세음보살이 우리 민중의 신앙 대상으로 자리매김하는 전초 기지였기 때문이다.

백제는 고구려, 신라와 달리 양(梁)을 비롯한 중국 남조 국가들과의 문화 교류를 통해 왕실 차원에서 적극적으로 불교를 수용하였고, 그 과정에서 백제 특유의 화려한 관음신앙 문화를 꽃피웠다. 중국에서 찬술된 『관세음응험기』에는 백제 유학승 발정이 중국 월주의 관음굴을 방문했던 이야기와, 무왕 40년(639) 현 익산의 제석사에 발생했던 화재에서 관세음보살의 신력으로 사리함이 타지 않았다는 영험담이 수록되어 있다.[5] 6, 7세기 백제 사회에 관음신앙이 확산되어 있었으며, 백제 영험담이 중국에까지 퍼져 있었음을 보여준다.

무엇보다 일본에 끼친 백제 관음신앙의 영향력을 간과할 수 없다. 백제 성왕의 셋째 아들인 임성태자가 일본으로 건너가 관음신앙을 전했는데, 그가 가져간 관음상을 후손들이 수호 신성으로 삼았다는 이야기가 있다. 현재 나라(奈良)의 약사사 동원당에 봉안된 관음상도 백제에서 건너간 것이라 한다. 오사카의 법륭사에 안치되어 있는 관음 목상은 위덕왕이 부친 성왕의 모습으로 제작했다고 하며, '구다라(백제) 관음'으로 불린다. 왕을 보살의 화신으로 신성시했던 백제 관음신앙의 특수성을 보여준다.

변산반도와 월출산은 이처럼 천여 년 전 화려하게 꽃피었던 백제 관음신앙의 중요한 거점이었다. 변산반도는 백제가 중국 남조의 국가들과 교류하면서 불교 경전이나 불상 등을 실은 배들이 유입되었던 기항지였으며, 그 과정에서 부안의 능가산을 중심으로 관세음보살 신앙 성지가 구축되었던 것으로 보인다. 그리고 월출산은 우리 땅에 사는 관세음보살 관념의 초기적 형태를 보여주는 성지 신화의 원형을 간직한 곳이다. 불교 전래 초기부터 관세음보살이 우리 민중의 구호

신성으로 수용되고 자리매김하는 중요한 토대였다는 점에서 한국 관음신앙에서 두 지역이 갖는 의미가 크다.

1) 변산반도: 해양을 건너 도래한 관세음보살의 성지

백제에 불교를 처음 전한 사람은 서역 출신의 승려인 마라난타이다. 그는 관음 신봉자였던 것으로 추정되는데, 제자로 알려진 혜구두타가 건립한 부안 능가산의 내소사가 관음사찰이라는 점이 이를 뒷받침한다. 조선 시대에 법당이 재건되었는데, 이때 화공으로 현신한 관세음보살이 직접 법당 단청 공사에 참여했다는 설화가 전해지고 있다.

> 내소사의 승려 청민이 사찰을 중건할 때의 일이다. 어느 날 한 화공이 찾아와 단청을 해주겠다고 하면서 100일 동안 누구도 대웅전 안을 들여다보지 않아야 한다고 했다. … 99일이 되던 날 한 사미승이 몰래 안을 들여다보았다. 안에서 하얀 새가 붓을 물고 날개로 화려한 물감을 만들면서 단청을 그리고 있었다. 사미승이 자세히 보려고 문을 살짝 열었는데, 그 소리에 놀라 새가 날아가 버리고 말았다. 그래서 좌우 대칭이어야 할 단청이 완성되지 못한 채 남아 있다. 그림을 그리던 새를 관세음보살이 현신했다고 하여 관음조(觀音鳥)라고 하는데, 지금도 새벽녘에 새 울음소리가 난다고 한다.[6]

이 설화는 법당이 재건되었던 조선 시대까지 내소사가 관음사찰로 기능해왔음을 보여준다. 현재에도 내소사 금당 벽면에 조선 시대에 그려진 관음보살도가 있다. 해상 위의 기암괴석에 앉아 머리 위에서부터 백색의 비단을 길게 늘어뜨리고 정면을 향해 반가좌를 한 채 중생을 굽어보는 장엄한 모습이다. 두광(頭光)과 신광(身光)을 갖추고, 참배하는 이의 동선을 따라 계속 눈을 마주칠 수 있는 독특한 화법으로 그려졌다. 관음보살의 눈을 보고 소원을 빌면 이루어진다는 설이 있다.

[그림 1] 내소사 관세음보살
(출처: 문화재청 홈페이지)

한편 혜구두타는 내소사 인근에 또 다른 관음사찰인 실상사[7]를 창건했다고 하는데, 역시 그곳에 관세음보살상을 봉안하게 된 과정을 보여주는 설화가 전해지고 있다.

> 불상을 태운 석주(石舟)가 석포 원암리 앞 물가에 닿았다. 마을 사람들이 신기하게 여겨 몰려와 구경하였는데, 그중 한 명이 불상을 모시고자 하니 배가 물러가 버렸다. 사람들이 내소사의 혜구두타에게 이 사실을 알렸다. 혜구두타가 불상(佛像)에게 내소사로 모시겠다고 고(告)하니 배가 움직이지 않았다. 그래서 실상사로 모시겠다고 하니 그제야 배가 움직였다. 마침내 실상사에 모셨는데 이 불상이 관세음상이었다.[8]

석선(石船)에 실려 해양을 통해 도래한 관세음보살상을 봉안하는 과정을 영험담의 형식으로 기록하고 있다. 유사한 사례로 능가산 중턱의 월명암 창건설화를 볼 수 있다. 관선불(觀仙佛) 마을에 목선 한

척이 떠내려왔는데, 그 배를 타고 온 승려가 동자부처를 월명암으로 모셨다는 이야기이다. 마을 이름이 '관선불'이라는 데서 그 지역이 관세음보살과 관련된 곳임을 알 수 있다. 내소사, 실상사, 월명암이 위치한 현 능가산 주봉이 관음봉이라는 것도 이 지역 전체가 관세음보살의 성지로 인식되었음을 시사한다.

이처럼 해양을 건너 도래한 관세음보살 모티프는 전북 고창의 선운사 소속 사찰인 대참사(현 참당암) 사적에서도 확인된다. 산 아래 포구에 당도한 배에서 불상과 경전을 가져와 모셨다는 이야기이다. 대참사 주지였던 의운의 꿈에 불상을 배에 태우고 온 금인(金人)이 나타나 우전국 왕을 자처했다고 하는데, 우전국이 현 타클라마칸 사막 남서쪽에 있던 고대 국가였다는 점에서 백제의 문화 교류가 서역에까지 이르렀음을 추정케 해준다. 금인의 모습이 현 선운사 영산전 좌측 벽에 그려진 〈관세음보살도〉에 등장하는데, 대참사가 관음사찰로 건립되었음을 보여준다.

전남 곡성의 성덕산 관음사 창건담 역시 불상을 싣고 해안에 표류해온 배의 모티프를 간직하고 있다. 옥과현 출신의 처녀 성덕이 낙안포에 표착한 배에서 관음상을 발견하여 그것을 등에 지고 가던 중, 성덕산에 이르니 갑자기 무거워져서 그곳에 사찰을 지어 봉안했다는 설화이다. 여기에는 〈심청전〉의 원형이 되는 맹인 원량과 딸 홍장의 설화가 함께 전하는데, 진국(晉國) 왕실에 팔려간 홍장이 홀로 남은 눈먼 아버지 원량을 위해 관음상을 조성해서 보냈다는 이야기이다. 성덕과 홍장은 관세음보살의 화신으로 여겨지기도 했다.

표류해온 배와 거기 실려 있는 불상을 봉안함으로써 사찰이 건축되었다는 이야기는 변산반도 및 전라도 지역 소재 사찰의 창건담에

흔히 나타나는 모티프이다. 이는 백제와 중국 남조 국가들 사이에 해양문화 교류가 활발했음을 보여준다. 변산반도는 백제와 중국을 오가는 배들의 기항지였으며, 이를 통해 중국 남조와 서역에서 성행했던 관음신앙이 한반도로 유입되었을 것이다. 그 과정에서 부안 능가산을 중심으로 내소사, 실상사, 월명암 등 해양을 도래해온 관음상을 봉안한 사찰들이 건립되었고, 이를 거점으로 내륙으로 불교신앙이 확산되어 갔을 것이다.

2) 월출산: '월인천강(月印千江)'의 화신 관세음보살의 궁전

12세기 초 고려 승려 각훈이 지은 『해동고승전』 마라난타 조에는 관세음보살이 사는 궁전이 있는 '월악'이라는 신산(神山)이 언급되고 있다.

> 삼한은 염부제의 동북면에 있으며 해도가 아니다. 부처가 열반한 후 600여 년경에 생겨났다. (삼한) 가운데 성인이 머무는 산(聖住山)이 있는데 이름을 실리모달리라고 한다. 중국말로 삼인산(三印山)이라 한다. 준봉(峻峯)들이 높이 솟아 있고, 관세음보살의 궁전이 그 산의 꼭대기에 있으니, 곧 월악(月岳)이다. 이곳 성주(聖住)(산)에 대해서는 글로 다 쓰기 어렵다. 그러나 백제 곧 마한에 (있다고) 한다.[9]

삼한에 성인이 머무는 고준한 산이 있는데 관세음보살의 궁전이 그 꼭대기 월악에 있음을 전하고 있다. 또 그 산이 백제에 있음을 시사한다. 이 기록을 근거로 관세음보살의 궁전이 있는 월악을 현재 영암 지역 소재의 월출산으로 추정해왔다. 무엇보다 산 이름의 어원 분석을 통해 이러한 추정이 뒷받침되고 있다. 월출산은 백제 때는 '달나산(達拏産)'으로, 통일신라 때는 '월나악(月那岳)'으로, 고려 때는 '월생산(月生山)'으로 불렸다고 한다. 여기서 '달나'의 어원은 『화엄경』에서 관세음보살의 상주처로 알려진 '포탈라카(Potalaka)'로 볼 수 있다. '포탈라카'는 중국에서 '보타락가(普陀洛迦)'로 음역되었고 '보타산', '낙가산', '포탈라산', '탈라카산' 등으로 약칭되었다. 이러한 맥락에서 '달나산'은 '탈라카산' 또는 '탈나산'에서 변형된 것으로 볼 수 있다.[10] '달나산'은 이후 '월나악', '월생산'으로 불렸는데, '달나'라는 발음에 기인하여 '달이 나오는 산'의 의미를 담게 된 것으로 보인다. '월출산'은 그 연속선에서 자연스럽게 정착된 명칭이라고 할 것이다. 이러한 기록은 『해동고승전』이 찬술된 12세기까지 월출산이 관음보살 성지로 인식되었음을 보여준다.

불교신앙 전통에서 달은 물과 함께 관세음보살의 자비를 가리키는 중요한 상징이었다. 이는 동아시아 전역에서 가장 인기를 누렸던 보살도(菩薩圖)인 〈수월관음도(水月觀音圖)〉를 통해 알 수 있다. 〈수월관음도〉는 중국 불교에서 산출된 33 토착 관음도[11]의 하나로, 죄업을 참회하며 정토왕생을 발원하는 예참(禮懺) 의례에서 주로 봉안되었다. 고려 시대에 예술성의 극치를 보여주었는데, 핵심 소재인 달과 물은 관세음보살의 자비를 장엄하는 중심 상징이다. 밤하늘에 환하게 떠있는 달은 어두운 세상을 밝히는 관세음보살의 자비를 가리킨다. '월인천강(月印千江)'이라는 어구에서 보듯, 수많은 강과 바다에 비친 달은 중생을 제도하기 위해 현신한 관세음보살의 무량한 화신이다. 따라서 '월출'이라는 산 이름 자체가 관세음보살의 성현(聖顯)을 상징적으로 드러낸다고 하겠다. 지형학적으로도 월출산은 『화엄경』에 묘사된 보타락가산과 유사하게 바다와 인접해 있으며, 기암괴석이 용출된 산세를 갖고 있다. 이처럼 수려한 환경에 기인하여 그 꼭대기에 관세음보살이 머무는 궁전이 있다는 신화적 상상력이 발휘되었을 것이다.

월출산에 자리한 도갑사와 무위사의 〈관세음보살도(觀世音菩薩圖)〉를 통해서도 이 산이 관음보살 성지로 여겨졌음을 알 수 있다. 북쪽의 도갑사에는 1550년(명종 5년) 인종의 명복을 빌기 위해 제작된 〈관세음보살 32 응신도(應身圖)〉가 봉안되어 있었다.[12] 이 도상에서 배경으로 묘사된, 기암절벽으로 이루어진 산의 모습은 월출산의 형세와 매우 비슷하다. 관세음보살은 월출산 상공에서 골짜기 골짜기에 의지해 살아가는 민초들을 아우르는 자비로운 신성으로 묘사되고 있다. 또 남쪽 강진 무위사의 극락전에도 15세기 후반에 제작된 대형 백의관음도가 있다. 여기서 관세음보살이 서 있는, 파도가 넘실거리는 바다 역시 월출산에 인접한 서해의 모습을 그린 것으로 보인다.[13] 두 관음보살도가 그려진 조선 전기에도 월출산이 관세음보살 성지로서의 위상을 간직하고 있었음을 알 수 있다.

월출산을 관세음보살 상주처로 현창(顯彰)했던 인물은 백제 승려 혜현(慧顯, 573~630)으로 추정된다. 『속고승전』에는 혜현이 월출산에서 『법화경』을 독송하며 수행했다는 기록이 있다.[14] 혜현이 월출산으로 내려가기 전에 주석했던 수덕사 인근의 태안 지역은 관음신앙이 성행했던 곳이다. 이곳에 6세기 말에 조성된 마애삼존불상이 현전하는데, 중앙에 관음보살을, 좌우에 석가불과 약사여래를 배치한 독특한 구조이다. 삼존상이 위치한 산 이름이 보타락가의 의역인 백화산(白花山)이라는 데서 이곳이 관음 성지였음을 알 수 있다. 태안 지역의 이러한 신앙적 분위기에 익숙했던 혜현이 월출산으로 들어가서 관음신앙의 대표적 소의경전인 『법화경』을 열렬히 독송하면서 그곳을 관세음보살의 성지로 구축했던 것으로 보인다.

우리 민중에게 관세음보살은 어떤 신성이었을까?

1) 부름에 즉각 응답하는 수호신

앞서 언급했던 도갑사의 응신도는 관세음보살이 우리 민중에게 어떤 구제자로 인식되었는지를 분명하게 보여준다. 조선 시대 승려 계환(戒環)이 지은 『법화경요해』를 토대로 관세음보살 구제활동의 양상을 서른두 가지 도판으로 구성한 변상도이다.[15] 갖가지 고난에 처한 중생을 구호하는 신성 관세음보살의 모습을 역동적으로 묘사하고 있다. 응신도에서 골짜기 골짜기에 묘사된 것은 불, 물, 바람, 독충, 귀신, 강도, 전쟁, 옥살이 등으로 생명의 위협을 받거나 육체적·정신적으로 고통을 겪는 이 땅 민중의 삶이다. 관세음보살은 여러 가지 모습의 화신을 현현하여 그와 같은 재난에 빠진 중생들을 구호하고 있다. 그림 중앙 상부에 좌정하여 자비로운 눈길로 산 아래 세상을 굽어보고 있는 관세음보살은 민초들의 삶의 현장에서 구제활동을 하는 수많은 화신의 본체이다. 마치 위기에 처한 백성을 구하기 위해 언제든지 파견할 수 있는 서른두 명의 어벤저스 군단을 거느린 군주의 이미지 같다.

고대 삼국 불교문화를 상세하게 기록하고 있는 『삼국유사』는 관세음보살이 우리 민족에게 일체 생사의 문제를 의탁하는 귀의처로 신앙되어 왔음을 보여준다. 재난 구제뿐만 아니라 아들이든 딸이든 원하는 대로 자식을 낳게 해주고 보호·양육하는 대비 신성으로, 육체의 질병은 물론 삼독(三毒; 탐심, 성냄, 무지)으로 인한 정신적 장애까지 치유하여 성도 왕생을 돕는 조력자로 나타나고 있다. 무엇보다 내 곁에서 살아가는 가족, 이웃, 지인 등 친숙한 우리 민중의 모습으로 나타나 구호한다는 토착 화신의 관념이 고대 불교 안에서 이미 정초되었음을 보여준다.[16]

이처럼 중생을 자식같이 여겨 대자비로 보살피는 관세음보살의 이미지는 마애불, 금동상, 석상, 소조상 등의 입체상은 물론 도상이나 벽화 등으로도 제작되었다. 특히 도상으로 봉안할 경우에는 수월관음이나 백의관음이 주를 이루었던 것으로 보인다. 수월관음은 고려 시대에 크게 유행하였으며, 40여 점이 현존하고 있다. 백의관음은 용을 타고 바다를 지배하면서 해상무역이나 어업활동을 하는 사람들의 수호 신성으로 자리매김했다. 관세음보살의 다양한 모습 중 해난 구제자로서의 면모가 강조된 것이라 하겠다. 4대 성지인 낙산사, 보리암, 향일암, 보문사 역시 모두 바다에 인접한 곳으로 대표적인 해수관음 성지로 알려져 있으며, 장엄한 백의관음상을 세워놓고 있다.

2) 극락정토로 인도하는 안내자

관세음보살은 미타정토 신앙에서 망자를 극락정토로 인도하는 안내자로 나타나고 있다. 현 세간의 구제자로 출발했는데, 정토신앙과 결합하면서 아미타불의 좌협시로 내세의 영역까지 포섭하게 되었다. 이러한 관념을 보여주는 것이 무위사 극락전이다. 명칭에서 알 수 있듯이 극락전은 망자 천도나 정토왕생을 기원하는 공간이다. 여기에는 관음보살과 지장보살을 좌우 협시로 본존 아미타불을 중앙에 모신

[그림 2] 무위사 후불벽 백의관세음보살
(출처: 문화재청 홈페이지)

삼존상이 봉안되어 있다. 우협시가 정토 경전에 제시된 대세지보살이 아니라 지장보살이라는 점에서 조선 시대에 망자 추선의 기능과 관련하여 지장보살이 대세지보살을 대체했음을 알 수 있다.

불단의 아미타 삼존상과 별도로 뒤편 벽면에 그려진 독존의 백의관음도가 주목되는데, 파도치는 바다 위에 장엄하게 서서 자신을 우러러보는 노승을 자비로운 눈길로 내려다보는 장면이 묘사되어 있다. 공간을 나누어 불단 뒤쪽에 백의관음을 봉안한 것은 고려 시대 천태종을 중심으로 성행했던 관음예참 의례의 영향으로 이해된다.

죄업의 참회와 정토왕생의 발원으로 구성된 예참 의례에 대한 기록은 고려 시대 원묘 요세의 뒤를 이어 백련결사를 주도했던 천인(天因)의 『정명국사후집』과 혜영(惠永)이 지은 『백의해』에서 확인할 수 있다. 보타락가산에 머무는 백의관음보살에게 귀명하는 예를 취하고 진언을 외운 후 죄악을 참회하며 무량수국에 왕생하기를 발원하는 의례의 형식을 보여준다.[17] 이처럼 정토왕생 신앙과 결합된 관음예참 의식은 여말선초에 널리 성행했다. 그리고 이러한 의례에서 본존으로 모셔진 것이 수월관음이나 백의관음이었다. 수월관음과 백의관음은 후에 혼합된 형태로 그려지면서 구분이 모호해진 경향이 있다.

전각 내부에 공간을 나누어 불단 후벽을 설치하고 벽 뒷면에 수월관음이나 백의관음을 봉안한 예는 무위사 외에도 완주 위봉사, 고창 선운사, 부안 내소사, 여수 흥국사 등에서 볼 수 있다. 고려 시대 전각 형식을 계승한 것으로, 이들 사찰에 봉안된 〈관세음보살도〉는 모두 17세기 이후에 그려진 것이다. 전라도 지역의 사찰들에 이러한 형태의 후불 관음도가 많이 설치되어 있는데, 역시 고려 시대 때 이 지역을 기반으로 성행했던 백련결사의 영향이라고 할 수 있다. 이를 통해 관세음보살은 정토왕생을 위한 예참 의례의 본존으로, 그리고 망자를 추선하고 극락으로 안내하는 내영자(來迎者)로 여말선초에 확고하게 자리매김했음을 알 수 있다. 오늘날의 망자 추선 의례인 천도재 안에서 '관음시식(觀音施食)'[18]이 필수적 요소로 시설되어 있는 것도 이러한 맥락에 기인한 것이라 하겠다.

우리와 닮은, 더불어 사는 신

이상 살펴본 것처럼 관세음보살은 전래 이후 오늘날까지 삶과 죽음의 모든 영역에서 한국 불교인들의 신앙적 귀의처로 자리매김했다. 우리 땅에 상주하면서 동체대비의 자비로 재난에 빠진 민중을 구호하고, 나아가 국가적 위난을 막아주는 호국 신성으로 기능했다. 무엇보다 가족, 지인 등 나와 더불어 살아가는 범속한 이웃이 관세음보살의 화신일 수 있다는 관념을 형성하면서 우리 민족의 삶 속에 자비행의 실천을 확산시키는 기반을 제공했다. 또한 민족 재래의 천신, 산신, 해양신의 기능을 통섭한 주재신의 위상으로, 고통 속에 부르짖는 민초들을 보살피는 자비의 화신으로, 우리 민중의 신앙 속에 타력적 인격신의 관념을 노정했던 최초의 신성이라는 점이 주목된다.

이러한 관세음보살에 대해 고익진은 “고대 한국사회 무불(巫佛) 교체기에 재래의 신앙을 잇는 불교신앙의 형태로 등장한 것이 관음신앙이며, 하느님에게 제사하고 기도함으로써 기적을 구하던 우리 민족에게 사바와 극락에 두루 상유(常遊)하면서 중생의 부름에 어디에나 몸을 나타내는 관음보살이야말로 가장 필요하고 적합한 예배의 대상이었다.”라고 주장했다.[19] 변산반도와 월출산은 관세음보살이 우리 민중의 구호자로 자리매김할 수 있었던 전초 기지였으며, 불교 전래 초기부터 관세음보살 성현 성지로 구축된 이후 그 신화적 원형과 자취를 오늘날까지 간직하고 있다는 점에서 한국 관음신앙에서 차지하는 의미가 크다.

주

1 삼계(三界)는 욕망을 기저로 살아가는 사람(중생)들의 세계인 욕계(慾界), 수행을 통해 욕망이 정화된 존재들이 살아가는 세계인 색계(色界)와 무색계(無色界)를 통틀어 모든 생명체가 살아가는 우주를 함축적으로 표현한 불교 용어이다. 대체로 깨달음을 얻어 붓다의 지위에 도달하지 못한 중생들이 생사유전(生死流轉)하는 윤회의 세계를 가리킨다.

2 보살(菩薩)은 후대의 불교도들이 이미 깨달음을 얻은 석가모니를 대상으로 그가 깨달음을 얻기 전의 모습을 염두에 두고 만든 용어이다. 이 용어가 일반적으로 알려지고 사용되기 시작한 것은 대략 기원전 1세기경으로 추정되고 있다(이자랑, 「자타카 및 불전 문학에 나타난 보살 사상」, 『대승불교의 보살』, 도서출판 씨·아이·알, 2008, 7-8쪽).

3 반야(般若)는 산스크리트어 프라즈냐(prajñā) 또는 팔리어 빤냐(paññā)를 음차(音借)한 한역어로 '지혜(智慧)'를 뜻하며, 나와 세계의 참모습을 있는 그대로 보는 것을 의미한다. 바라밀(婆羅蜜)은 산스크리트어 빠라미따(pāramitā)를 음차한 것으로 완전한 상태, 궁극의 상태를 뜻한다. 윤회와 생사의 세계에서 해탈과 열반의 세계에 이르기 위해 보살이 닦는 수행 덕목이 바라밀이다. 의역하여 도피안(到彼岸)이라고도 하는데, 그 실천 덕목에는 대표적으로 보시(布施), 지계(持戒), 인욕(忍辱), 정진(精進), 선정(禪定), 지혜(智慧)의 6바라밀(六波羅蜜)이 있다.

4 『묘법연화경』(T4. 57a22~57b21)에 제시된 33 응신은 불, 벽지불, 성문, 범왕, 제석, 자재천, 대자재천, 천대장군, 비사문, 소왕, 장자, 거사, 재관, 바라문, 비구, 비구니, 우바새, 우바이, 장자의 부녀, 거사의 부녀, 재관의 부녀, 바라문의 부녀, 동남, 동녀, 하늘, 용, 야차, 건달바, 아수라, 가루라, 긴나라, 마후라가, 인비인, 집금강신이다.

5 정환국, 「불교 영험서사의 전통과 『법화영험전』」, 『고전문학연구』 40, 한국고전문학회, 2011, 129쪽

6 송화섭, 「변산반도의 관음신앙」, 『지방사와 지방문화』 5, 역사문화학회, 2002, 73쪽.

7 내소사는 633년(무왕 34) 혜구두타가 창건하여 '소래사(蘇來寺)'라고 하였다. 실상사는 7세기 창건되었으며, 조선 시대에 효령대군이 중건했던 사찰로 알려져 있다. 고려 초기에 만들어진 관음상이 있었으나, 한국전쟁 당시 불에 타서 지금은 터만 남아 있다.

8 송화섭, 「변산반도의 관음신앙」, 81쪽.

9 『해동고승전』(T50. 1017c08~c12): 三韓在閻浮提東北邊 非海島矣. 佛涅槃後六百餘年乃興 中有聖住山 名室梨母怛梨(唐言三印山)峻峰高聳. 觀世音菩薩宮殿在彼山頂 卽月岳也. 此處聖住未易殫書 然 百濟乃馬韓之謂矣.

10 최연식, 「월출산의 관음신앙에 대한 고찰」, 『천태학연구』 10, 천태불교문화연구원, 2007, 224쪽.

11 중국 사회에서 만들어진 33 유형의 토착관음은 양류(楊柳), 용두(龍頭), 지경(持経), 원광(圓光). 유희(遊戱), 백의(白衣), 연와(蓮臥), 농견(滝見), 시약(施薬), 어람(魚籃), 덕왕(徳王), 수월(水月), 일엽(一葉), 청경(青頚), 위덕(威徳), 연명(延命), 중보(衆宝), 암호(岩戸), 능정(能静), 아누(阿耨), 아마제(阿摩提), 엽의(葉衣), 유리(瑠璃), 다라존(多羅尊), 합리(蛤蜊), 육시(六時), 보비(普悲), 마랑부(馬郎婦), 합장(合掌), 일여(一如), 불이(不二), 지련(持蓮), 쇄수(灑水) 관음이다.

12 도갑사 〈관세음보살 32 응신도〉는 가로 153cm, 세로 250cm의 대형 불화로, 조선 후기에 일본으로 옮겨가 현재는 일본 경도(京都)의 지은원(知恩院)에 소장되어 있다.

13 최연식, 「월출산의 관음신앙에 대한 고찰」, 211-213쪽.

14 『속고승전』(T50, 687c09-c13): 伯濟國達拏山寺釋慧顯傳. 釋慧顯 伯濟國人也. 少出家苦心精專 以誦法華爲業. 祈福請願 所遂者多 聞講三論便從聽受 法一染神彌增其緒. 初住本國北部修德寺有衆則講無便淸誦 四遠聞風造山諠接. 便往南方達拏山.

15 김도윤, 「도갑사 〈관세음보살32응신도〉 도상 연구」, 『불교미술사학』 9, 불교미술사학회, 2010, 46쪽. 경전의 내용이나 부처의 생애 등을 그림으로 형상화한 것이 변상도이다.

16 배금란, 「신라 관음신앙 연구: 관음성현의 구조와 기능을 중심으로」, 서울대학교 박사학위논문, 2020, 161쪽.

17 『백의해』는 고려 후기의 문신인 혜영(惠永,1228~1294)이 『백의예문』을 주석한 것이다. 백의관음보살 의식문을 해석한 책으로 1269년에 출간되었다(이승희, 「무위사 극락보전 백의관음도와 관음예참」, 『동악미술사학』 10, 동악미술사학회, 2009, 71쪽).

18 관음시식(觀音施食)은 관세음보살의 원력으로 영혼을 천도하기 위해 망자에게 음식을 공양하고 법문을 들려줌으로써 극락왕생을 기원하는 의식이다.

19 고익진, 『한국고대불교사상사』, 동국대학교출판부, 1989, 82-84쪽.

참고문헌

『묘법연화경』(대정신수대장경 9권)
『삼국유사』
『속고승전』(대정신수대장경 50권)
『해동고승전』(대정신수대장경 50권)
『화엄경』(대정신수대장경 10권)

고익진, 『한국고대불교사상사』, 동국대학교출판부, 1989.
김도윤, 「도갑사 〈관세음보살32응신도〉 도상 연구」, 『불교미술사학』 9, 불교미술사학회, 2010.
배금란, 「신라 관음신앙 연구: 관음성현의 구조와 기능을 중심으로」, 서울대학교 박사학위논문, 2020.
송화섭, 「변산반도의 관음신앙」, 『지방사와 지방문화』 5, 역사문화학회, 2002.
이승희, 「무위사 극락보전 백의관음도와 관음예참」, 『동악미술사학』 10, 동악미술사학회, 2009.
이자랑, 「자타카 및 불전 문학에 나타난 보살 사상」, 『대승불교의 보살』, 도서출판 씨·아이·알, 2008.
정환국, 「불교 영험서사의 전통과 『법화영험전』」, 『고전문학연구』 40, 한국고전문학회, 2011.
최연식, 「월출산의 관음신앙에 대한 고찰」, 『천태학연구』 10, 천태불교문화연구원, 2007.

전북 지역 초기 개신교회의 '처음'에 관한 이야기

*
*
*

김민아

'처음'의 의미

과거는 현재 기억됨으로써 의미를 가진다고 볼 수 있다. 현재 기억되지 않는 과거는 어떠한 의미도 가지지 않을뿐더러 존재한다고 말하기도 어려울 것이다. 과거 중에서도 '가장 오래된 과거'에 해당하는 '처음'의 이야기를 반복적으로 말하고 기억하는 것은 현재의 것을 최초의 것과 연결한다. 현재를 살아가는 내가 지금 이 순간에만 존재하는 것이 아니라, 처음부터 지금까지의 모든 시간에 포함되어 전체의 일부가 되는 것이다. 그렇게 최초의 선교사와 목사, 개신교인들의 이야기가 현재 사람들의 이야기와 연결된다.

이 글에서 다루는 이야기들, 즉 전북 지역에 개신교가 처음으로 들어온 이야기, 초기 선교사들과 신자들이 사람들을 모으고 처음 교회를 세운 이야기, 초기 개신교회의 처음 모습에 대한 이야기들이 그 자체로 정확한 사실의 기록이냐 여부를 판단하는 것은 이 글의 목표를 벗어나는 것이다. 이 글은 전북 개신교인들이 이 이야기들을 기억하고 현재에도 반복적으로 되살림으로써 '역사'로 인식한다는 것이 보여주는 종교학적 의미를 설명하는 것에 초점을 맞추었다. '처음'의 이야기를 발굴하고 기록하는 행위가 오늘날 전북의 개신교인들, 더 나아가 한국의 개신교인들에게 의미하는 바를 설명하는 것이 이 글의 목표이다.

전북 지역 초기 개신교회의 형성

1892년 10월 17일 미국 남장로교회(PCUS, Presbyterian Church in the United States) 선교사들이 인천 제물포항에 도착했을 때를 기점으로 하여 개신교가 호남에 본격적으로 들어왔다. 선교사들은 전도를 통해 새신자를 얻어 교회를 설립하고, 더 나아가 이들을 호남 교회의 첫 토착인 지도자로 세웠다.

호남 지방에 첫 선교사로 들어온 사람들은 테이트(Lewis Boyd Tate, 최의덕), 레이놀즈(William Davis Reynolds, 이눌서), 전킨(William McCleery Junkin, 전위렴), 레이번(Mary Leyburn, 전마리아), 매티 테이트(Mattie Samuel Tate, 최마태), 데이비스(Linnie Fulkerson Davis), 볼링(Patsy Bolling)이다. 이들을 '7인의 선발대(Seven Pioneers)'라고 부른다.[1] 데이비스 선교사가 1892년 10월 17일 제일 먼저 제물포항에 도착했고, 뒤이어 11월 3일 테이트 남매 및 레이놀즈와 볼링 부부, 전킨과 레이번 부부가 제물포항에 상륙했다. 1893년 9월 2주 동안 선교사 테이트와 전킨이 전주에 파송되어 답사를 하였고, 이후 1894년 2월 테이트 남매가 전주의 첫

선교사로 정착하였다.[2]

각 선교사들은 자신이 담당한 선교 구역에서 최초의 신자들을 세워 이들을 조사(助事, helper)로 훈련하였다. 조사들은 현지인의 입장에서 선교사들의 활동을 도왔고, 선교사로부터 배워 한국인 신자들을 가르쳤다.[3] 이들은 후에 장로가 되기도 하고, 신학교를 졸업하여 목사가 되기도 하였다. 이러한 초기 한국인 신자들을 중심으로 교회가 설립되었다.

첫 신자들의 이야기

전북 지역의 개신교사나 개별 교회의 역사를 살펴보면 공통적으로 언급되는 인물들이 있다. 이들은 전북 지역에 개신교가 처음 자리잡는 데에 중요한 역할을 한 인물들로 그려진다. 선교사들과 만나 전북 지역에서 처음 개신교 신자가 된 사람들에 대한 이야기를 살펴보자.

1) 병이 나은 사람들

당시 사람들이 개신교 신앙을 받아들이는 계기는 다양했겠으나, 가장 흔한 것 중 하나는 질병의 치료를 통해서였다. 전주 지역 최초의 세례자 중 한 명인 김창국(金昶國)의 경우가 이에 해당한다.[4]

1894년 동학농민운동의 여파를 피해 잠시 서울로 철수했던 선교사들은 이듬해 1895년 다시 전주로 들어와 선교활동을 이어갔다. 이후 테이트 선교사를 중심으로 1896년 전주에 호남 최초의 개신교회인 전주교회(현 전주서문교회)가 설립되었고, 1897년 여름 전주 지역 최

[사진 1] 김창국 목사
(출처: https://commons.wikimedia.org/wiki/File:Mrs._Yu_and_Chang_Gooky.jpg)

초의 세례식이 거행되었다. 두 명의 남성과 세 명의 여성이 대상이었는데, 이 중에 김창국이 포함되어 있었다. 세례 당시 김창국은 13세의 소년이었다. 해리슨(William Butler Harrison, 하위렴) 선교사가 테이트를 도와 전주 자신의 집에서 약국을 운영할 때, 어떤 할머니가 한 소년을 업고 왔다. 소년의 등에는 큰 침이 꽂혀 있었다. 등에 종기가 나서 한의사였던 그의 아버지 김제원(金濟元)이 등에 침을 꽂아 놓았던 것이다. 해리슨은 침을 뽑고 약을 조제해 먹인 후 상처 부위에 약을 발라주었다. 한 달가량의 치료를 받고 그 소년은 깨끗하게 나았다. 이때부터 소년의 어머니가 소년을 데리고 전주교회에 출석하게 되었고, 첫 세례식 때 함께 세례를 받았다고 기록되어 있다. 이 소년이 바로 김창국이다. 그는 전주신흥학교 제1회 학생이 되었고, 호남인으로서는 최초로 평양 유학을 하여 숭실중학교를 졸업했다. 1915년 평양신학교를 졸업하고 목사 안수를 받은 후 1917년 제주도 선교사로 파송되었고, 1922년에는 광주금정교회(현 광주제일교회), 1924년에는 광주양림교회에서 담임목사로 일했다.

오랜 관습과 깊이 뿌리 내린 유교나 토착종교를 버리고 낯선 개신교로 개종하는 것은 고통스러운 질병으로부터 치료되는 것과 같은 극적인 계기가 필요했을 것이다. 특히 당시 한국의 의학 지식과 의료 기술의 발달은 매우 미미했기 때문에 서양 의술을 통한 효과적인 질병 치료는 개신교에 대한 우호적인 감정을 낳았을 것이라고 짐작할 수 있다. 전북 지역 초기 선교사들 중 의학 훈련을 받은 사람들이 상당수에 달했고, 이들이 세운 근대식 병원인 전주예수병원은 현재까지도 전북 지역의 대표적인 의료 기관으로 자리잡고 있다. 전북 지역에 많은 의료 선교사들이 있었다는 사실은 당시 한국인들이 서양 의술을 통한 질병의 치료를 계기로 처음 개신교를 접하는 경우가 많았다는 것을 보여준다.

2) 아들을 낳지 못하는 여성들

아들을 낳아 가문의 대를 잇는 것이 여성의 가장 중요한 임무였던 시기, 아들을 낳지 못하는 여성들은 자주 학대당하고는 했다. 이들이 아들을 낳기 위해 교회로 왔고, 이후 아들을 낳든지 낳지 못하든지에 상관없이 개신교회 안에서 자신의 주체성을 확립할 수 있었다는 이야기가 여러 기록에서 발견된다. 그 대표적인 것이 바로 김성희(金聖喜)에 대한 이야기이다.

김창국과 함께 전주 지역 최초의 세례자인 김성희는 유성안(柳聖安)의 부인으로 유씨 부인이라 불렸다. 그녀는 두 딸을 낳고 아들을 낳지 못한 여성이었다. 남편과 시어머니로부터 온갖 핍박을 견디고 있던 그녀는 사마리아 여인에게 자비를 베푼 예수 이야기를 듣고 개신교 신앙에 귀의한다. 전주에서 선교활동을 하던 매티 테이트의 집에서 성서 공부를 하던 그녀를 남편은 “피가 날 때까지 심하게 구타하였고, 다시는 가지 말라고 엄금하면서 가기만 하면 죽여 버리겠다고 으름장을 놓았다.” 그러나 그녀는 계속해서 모임에 참석하였고 그 결과 “자주 얻어맞았고 끊임없이 학대를 당했다.”[5]

[사진 2] 김성희(유씨 부인)
(출처: https://commons.wikimedia.org/wiki/File:Mrs._Yu_and_Chang_Gooky.jpg)

여성도 배워야 한다는 것을 자각한 그녀는 세례를 받은 후 스스로에게 김성희라는 이름을 지어주었고, 이름이 없던 어린 두 딸에게 '보배'라는 뜻의 보영(寶榮)이라는 이름을 붙여주었다. 세례를 받은 지 얼마 되지 않아 그녀는 아들을 낳았는데, 이로써 "전주 시내에 아들을 낳을 수 없는 여자가 하나님을 믿고 아들을 낳았다는 소문"이 퍼졌다.[6]

개신교 신앙이 더욱 확고해진 그녀는 제사를 위한 음식 장만을 하지 않겠다고 선언하였다. 남편은 "숯불로 달구어진 화저로 귀를 지지는 위협"을 하기도 하고, 심지어 부엌칼을 들이대면서 제사 준비를 하라고 명령하고 불응할 경우 죽이겠다고 협박하기도 했으나, 김성희는 흔들림 없이 자신의 결심을 고수하였다. 이후 남편 유성안은 칼을 떨어뜨리고 "도망치듯 집으로부터 빠져나왔다."고 한다. 김성희는 남편의 극심한 반대 가운데서도 아이들에게 차례대로 유아 세례를 받게 했고 전주신흥학교와 전주기전여학교에 입학시켰다. 이후 김성희의 아들 유춘경(柳春京)은 전주교회의 장로가 되었다. 이 이야기를 접한 많은 여성들이 전주교회로 모여들었다고 전해진다.[7]

이 이야기의 마지막에 김성희의 이야기를 전해들은 많은 여성들이 교회로 왔다는 내용을 보면, 당시 아들을 낳지 못해 고통받고 있는 여성들이 많았다는 것을 알 수 있다. 무속을 포함하여 다양한 방법을 동원해 아들을 낳으려고 했던 여성들이 김성희의 이야기를 듣고 혹시나 하는 마음을 가지고 교회로 몰려드는 것을 상상하기란 어렵지 않다. 김성희 외에도 아들을 낳으려고 교회에 오는 여성들의 이야기가 있지만, 결과적으로 아들을 낳지 못하더라도 아들을 낳는 여성의 임무를 넘어서는 삶의 의미를 개신교 신앙에서 찾아내 전도자로서의 생활을 주체적으로 선택하는 결말을 확인할 수 있다. 이름이 없던 자신과 딸들에게 이름을 붙여주고 자식에게 근대식 교육의 기회를 제공한 김성희의 이야기에서 이러한 성격이 분명하게 드러난다.

3) 동학농민군 출신 개신교 지도자들

초기 전북 지역 개신교사에서 동학농민군 출신의 개신교 지도자들에 대한 이야기가 자주 등장한다. 고향이 전라북도 고부(古阜)로 전봉준과 고향이 같은 최중진은 동학농민운동에 가담하였다. 한번은 최중진을 포함해 최광진, 최대진 삼형제가 일본군에게 쫓겨 매형이 사는 순창에 숨어들었다. 그때 일본 군인들이 그 집을 습격해 "긴 칼을 빼어들고 최중진 뒷목에 대고 내리쳤는데 이상하게도 목에 상처만 나고 그 자리에서 살 수 있었다."고 전해진다.[8] 이후부터 최중진은 "흉터가 있는 목을 보여주며 기적같이 생명을 구하게 되었다."는 이야기를 하고 다녔다고 한다.[9]

또한 이들 삼형제는 힘도 세고 키도 커서 급할 때는 남의 담장도 뛰어넘어 도망 다녔다고 기억된다. 특히 최중진은 고부, 정읍, 김제, 삼례까지 원정을 다니면서 씨름대회 우승을 휩쓸어서, 그의 명성은 이미 전라도에 널리 알려져 있었다. 최중진은 개신교 신자가 된 이후에도 그가 지나가면 개신교인이 아닌 사람들까지 그의 위풍을 구경하기 위해 길거리에 모여들었고, 유생들도 그를 개신교 신자라고 무시하지 않고 존경하였다고 전해진다. 전도를 다니는 그의 "얼굴에는 광채가 있었고, 가물거리는 초롱불 빛에 비친 그의 얼굴이 그렇게 돋보일 수가 없었다."는 진술이 나올 정도였다.[10] 최중진 개인의 영웅적인 면모가 부각되어 기록되고 있음을 알 수 있다.

동학농민운동이 실패로 끝나자 최중진은 테이트 선교사의 전도를 받고 그의 조사가 되었다. 조사 신분인 그는 한국인으로서는 유일하게 선교 구역을 맡아, 동학농민운동이 일어났던 고부, 정읍, 태인, 매계 지방을 다니면서 교회를 세웠다. 당시에 그는 "전봉준 장군을 따라다녔던 최중진"이라고 자신을 소개하였다고 한다.[11] 그는 동학농민운동이 끝난 6년 후인 1900년에 정읍 삼보면 매계리에 매계교회를 세웠는데, 이 교회는 최고로 발전했을 때 3천여 명에 이르는 신자를 보유한, 호남 지방에서는 가장 큰 교회로 발전하였다고 전해진다.[12] 최중진은 1906년에 선교부로부터 인정을 받아 최초의 장로가 되었고, 1908년 평양신학교 2회 졸업생으로 1909년 9월 6일 평양 장대현교회에서 목사 안수를 받았다.[13]

정읍 매계교회의 최중진 목사 외에, 익산 동련교회의 초석이 된 백낙규 장로도 동학농민운동의 적극적인 참가자였다. 동련교회는 1901년 옥구군 서수면 장평리에서 시작되어 1902년 오늘날의 황등 동련리로 옮기고, 1905년 정식으로 동련교회로 성립되었다. 백낙규는 1876년 전라남도 승주군 송광사 옆 뱃골에서 태어났다. 어린 시절 너무 가난하여 절에 들어가서 승려가 되었으나 얼마 견디지 못하고 뛰쳐나왔다고 전해진다. 그는 동학농민운동이 한창이던 때 동학농민군의 소접주였으나, 공주 우금치 전투에서 패배한 후 관군에 쫓겨 고향으로 돌아가지 못하고 황등에 와서 장사를 하다가 오긍선(吳兢善) 조사를 만나 동련리에 교회를 세우게 되었다고 기록되어 있다.[14]

최중진 목사와 백낙규 장로의 사례를 보면, 동학농민운동에 적극적으로 참여하였던 사람들이 운동 실패 후 큰 거부감 없이 개신교도가 되는 것을 확인할 수 있다. 이를 통해 당시 동학농민운동과 개신교가 사회 개혁이라는 목표 아래 연관성이 있었음을 추측할 수 있다. 많은 사람들이 동학농민운동에서 경험했던 좌절과 허무를 극복할 희망을 개신교에서 찾았던 것으로 보인다. 동련교회를 세운 백낙규는 동학농민운동 실패 이후 "민족을 구원할 수 있는 길이 기독교에 있음을 깨달았다."고 전해진다. 실현되지 못한 "동학군의 이상과 그것의 좌절에서 쌓인 울분"으로 고통스러운 세월을 보내고 있던 중 만난 개신교 신앙은 "케케묵은 양반·상놈, 남존여비의 낡은 봉건적 유습과 위아래로 썩어 문드러진 이 나라를 구하고 살리는" 길을 보여주었다는 것이다.[15] 최중진과 백낙규의 이야기는 사람들이 동학농민운동의 실패를 개신교 신앙을 통한 사회 개혁으로 극복할 수 있다고 여겼음을 알 수 있다.

첫 교회의 이야기

이러한 첫 신자들이 모여 세운 전북 지역의 처음 교회에 대해서도 다양한 이야기들이 기록되어 전해지고 있다. 다음으로 전북 지역 초기 개신교회와 관련된 이야기들을 살펴보자.

1) 사회적 약자들의 공동체

전북 지역 초기 개신교회들의 성격을 살펴보면 사회에서 소외된 자들을 중심으로 교회가 세워졌음을 알 수 있다. 호남 최초의 교회인 전주교회는 전주 성문 밖 은송리에서 출발했다. 은송리는 천민들이 모여 사는 마을이었다. 당시 선교사들은 개신교 복음이 "가난하고 차별받고 사는 민중들에게 가장 먼저 들어가야 한다."고 주장하였고,[16] 이에 따라 전주 은송리가 호남 최초의 교회가 세워지는 장소로 선택되었다.

조사들이 전도 여행을 다니면서 개신교를 전파하는 주력 대상도 양반이나 고위층보다는 천민이나 하인 층이었다. 나그네 차림으로 전도 여행을 다녔던 최중진은 양반집 사랑채에 머물게 될 때면 언제나 그곳 행랑채에 기거하는 머슴들에게 먼저 전도하기 시작하였고, 그들은 매우 적극적인 반응을 보였다고 한다. 미천한 존재라 하더라도 개신교 신앙 안에서는 동등하게 구원받을 수 있다는 강론에서 아마도 그들은 새로운 희망을 발견했을 것이라고 짐작된다. 1900년에 설립된 것으로 보이는 완주의 제내교회도 초기에 주로 천민인 산지기를 비롯해 머슴들이 몰려든 반면, 제내리의 양반들은 철저하게 개신교를 반대하였다고 기록되어 있다.[17]

한편 개신교 전파의 대상뿐만 아니라 주체도 평민이나 천민 출신이 많았다. 개신교 선교의 주된 대상이 천민이나 하층민이었으니, 이들을 중심으로 해서 전도의 주체 집단이 형성되는 것은 자연스러운 일이라고 할 수 있다. 1904년 남원에 처음 개신교를 전파한 사람은 천민 출신의 조원집이었다. 당시 남원의 양반들은 천민이 성 안에 와서 큰소리를 내며 개신교를 전파한다는 것에 모욕감을 느끼고 그를 쫓아버렸다고 한다. 이후 이 지역을 담당하는 선교사의 도움으로 초가 네 칸을 매입하고 교회 문을 열 수 있었는데, 이것이 남원제일교회의 시작이었다.[18]

개인 전도에 나서는 사람들 중 일부가 무학(無學)이어서 다소 우스운 사건이 발생하기도 했다. 성서에 대한 그들의 지식이 제한적이었기 때문이다. 일례로, 한 전도자가 시골 사람들에게 '하나님의 성령'을 뜻하는 '보혜사(保惠師)'를 이야기하면서 그 단어의 의미를 제대로 알지 못해 전주에서 활동하는 의료 선교사 '보의사'(Wiley H. Forsythe, 포사이드)가 '하나님이 보내주신 성령'이라고 설명한 일화가 있다. 발음이 비슷해 발생한 오류였다. 이후 그는 '보혜사'와 '보의사'가 다른 것임을 선교사로부터 배웠다. 이 사건을 언급하면서 에너벨 니스벳 부인(Anabel Lee Major Nisbet)은 한국의 초기 신자들이 어떤 이념이나 사상을 전하는 것이 아니라 "단순하고도 명료한 복음"을 가르쳤다고 평했다.[19]

이와 같이 초기 개신교회는 사회적으로 천한 신분이나 가난한 사람들이 모여 이룬 공동체였다고 인식된다. 양반이나 부유한 자들이 기존의 질서를 유지 및 강화하고자 할 때 개신교회는 기존 질서에서 배제되고 억압받는 사람들에게 사회 개혁의 전망을 제시하면서 그들을 위한 조직을 형성해 나갔다고 볼 수 있다.

2) 근대적 주체 확립을 위한 교육 공간

여성이 조혼 풍습을 극복하고 근대식 교육을 통해 가정 내의 역할에서 벗어나 사회적 주체로 서게 되는 이야기들도 있다. 한 예로, 매티 테이트가 만난 이씨 부인 이야기를 들 수 있다.

어느 날 이씨 부인의 어머니는 딸을 불러 저명한 이씨 집안의 장남과 혼인이 성사되었다고 알려주었다. 그녀는 결혼하고 싶지 않았지만, 신랑 될 사람이 혼숫감으로 보낸 새 옷들과 예쁜 색깔의 천에 대해서는 큰 관심을 가졌다. 그렇게 그녀는 남편과 결혼하고 아들과 딸을 낳았지만 곧 젊은 남편과 아들을 잃었다. 귀한 아들이 죽고 "쓸데없는" 딸이 살아 있다는 미움과 슬픔으로 한탄만 하며 이씨 부인은 세월을 보내고 있었다. 이에 한 중매쟁이가 그녀의 처지를 동정하여 매우 훌륭하고 부유한 남자를 소개해주겠다고 하였다. 이씨 부인은 강가에 자기의 옷 한 벌과 신던 신을 놓아두어 자기 모녀가 강물에 빠져 죽은 것으로 시부모가 오해하게 꾸민 다음, 딸을 데리고 재가(再嫁)했다. 그러나 새 남편은 중매쟁이가 말한 것과는 정반대로 술주정뱅이에 무능력한 사람이었다. 이씨 부인은 학대와 구타의 피해자가 되었고 고된 일을 도맡아 해야 했다. 그리하여 그녀는 딸아이를 데리고 서울로 도망가 여승이 되겠다고 결심하였는데, 도중에 매티 테이트 선교사를 만나게 된다. 이씨 부인은 어린 딸을 여학교에 입학시키고 자신은 매티 테이트의 조사가 되어 개신교 선교활동을 시작하였다. 이후 그녀는 오랫동안 연락을 끊고 살던 친정집으로 가 어머니를 포함한 가족 몇 사람을 개신교인으로 전도하였다. 이씨 부인의 딸은 훗날 전주기전여학교에서 일한 최초의 한인 교사들 중 한 사람이 되었다.[20]

서수진이라는 여성의 이야기도 전통적인 여성의 역할에서 벗어나 근대적 교육을 받고 전문 직업인으로 거듭나는 '신여성'의 사례를 보여준다. 서수진은 얼굴에 천연두 흔적이 있는 키 큰 소녀였다. 그녀의 아버지는 딸을 어느 젊은 목수와 결혼시키기로 결정했다. 이 목수는 서 씨 집에 방 한 칸을 지어줌으로써 그녀에 대한 대가를 지불했다. 서수진은 목수의 소유가 되었고, 학교를 졸업하면 즉시 그와 결혼해야만 했다. 서수진은 정혼한 남자에게 편지를 써서 새 신발, 노트, 연필을 사달라고 요구하면서 그렇게 해주면 순종적인 아내가 될 것이라고 약속했다. 당시 결혼하지 않은 여자가 남자에게 편지를 한다는 것은 용납되지 않는 일이었으나, 그녀는 당당하게 자신의 결혼에 대한 요구 조건을 제시한 것이다. 이에 젊은 목수는 그녀와의 결혼을 회의(懷疑)하게 되었고, 때마침 한 선교사가 방 한 칸의 비용을 대신 지불해주어 서수진은 결혼의 속박으로부터 풀려날 수 있었다. 그 후 그녀는 서울에 있는 세브란스 병원의 간호원 양성과정에 들어가 정규 간호원이 되었다.[21]

이와 같이 잘 알지도 못하는 남성과 조혼하는 풍습을 극복하고 선교사의 도움을 받아 자신의 삶을 주체적으로 선택하게 되는 여성들의 이야기가 지금까지 기억되고 있다는 것을 통해, 당시에 교회가 여성들에게 주체성 확립의 기회를 제공하는 공간으로 인식되었다는 것이 현재 의미 있게 받아들여지고 있음을 알 수 있다.

일 년에 한 달 동안 농한기에 맞춰 진행된 '달성경학교'는 전근대적인 질서 속에서 자신의 목소리를 내지 못하며 살았던 여성들이 주체성을 확립할 수 있는 기회를 제공하였다. 달성경학교는 남성에게만 국한된 것이 아니라 여성들에게도 열려 있었다. 이 활동을 통해 수많은 여성 지도자들이 전도자의 사명을 갖고 주체적으로 개신교 선교에 참여하였다. 여성들은 아내와 어머니로서의 정당한 지위를 인식하였고, 남편과 아내가 진정한 동반자 관계에 설 수 있다는 것을 알게 되었다. 당시 "성경학교를 다녀오면 모두 다 신식 여자"라는 인식이 생길 정도였다고 한다. 또한 달성경학교를 통해 사회를 보는 눈이 달라져 민족에 대한 새로운 의식을 일깨울 수 있었고, 회의(會議)하는 방법을 배워 민주 시민으로서 역량을 발휘할 수도 있었다고 기록되어 있다.[22]

한편 초기 교회들은 새로운 신자가 오면 먼저 한글을 가르쳐 문맹퇴치운동에도 힘을 기울였다. 한글을 모르면 성서를 읽을 수 없고 찬송가를 부를 수도 없기 때문에 한글을 모르는 사람에게는 처음부터 세례 받을 자격을 주지 않았다. 특히 어촌이나 시골은 사람들이 한글을 배울 수 있는 기회가 많지 않았다. 따라서 초창기 개신교가 전파되는 곳에서는 어김없이 한글보급운동이 일어났다.[23] 교육을 통한 근대적 주체성 확립이 초기 전북 지역 개신교 공동체 속에서 이루어지고 있었다고 말할 수 있다.

3) 신분제를 깨뜨린 공동체

김제의 금산교회 이야기를 보면, 양반과 천민의 구별이 개신교회 안에서 파격적으로 혁파되었음을 확인할 수 있다. 금산교회는 테이트 선교사가 김제 지역에 맨 먼저 세운 교회로, 두정리(豆頂里)교회 혹은 팟정이교회라고도 불렸다.

[사진 3] 과거 금산교회(ㄱ자 교회) 모습
(김민아 촬영)

테이트 선교사는 주말이면 모악산 밑에 있는 두정리 마을에 말을 맡겨놓고 멧돼지 사냥을 즐겼는데, 사냥을 하고 마을로 내려오던 중 우연히 조덕삼과 이자익 두 청년을 만났다. 조덕삼의 5대조 할아버지는 평양에 거주하면서 만주과 북경을 드나들며 사업을 해 큰돈을 벌었고, 그의 아버지는 금산에 금이 많이 난다는 소문을 듣고 그곳에 자리잡아 대를 이어 살아왔다. 조덕삼은 엄청난 유산을 물려받아 김제 지방뿐만 아니라 전주에 이르기까지 거부로 소문난 인물이었다. 반면 이자익은 경상도 남해 출신으로 어려서 부모를 여의고 살 길이 막막해 금산으로 흘러들어와 거부인 조덕삼의 마부가 되었다. 이자익은 주인의 아들들이 선생으로부터 글을 배울 때 밖에서 그 소리를 듣고 천자문을 익혔는데, 이것이 그가 받은 유년기 교육의 전부였다.

테이트 선교사의 전도로 조덕삼과 이자익은 조덕삼의 사랑채에서 함께 신앙생활을 시작하였다. 두정리교회가 자리를 잡자 장로를 선출했는데, 천민인 이자익이 장로로 선출되었다. 당시 한국 교회 내에서 천민·양민 구별이 극심한 때였지만 두정리교회에서는 그러한 사고방식이 완전히 깨진 것이다. 양반이자 지주였던 조덕삼은 투표 결과에 불만을 품지 않고 깍듯이 이자익을 예우했다. 이후 조덕삼은 이자익 장로를 끝까지 지지하며 이자익이 평양신학교에 입학하여 공부할 때에도 모든 학자금과 생활비를 지원하였다. 이자익이 평양신학교를 졸업하자 조덕삼 장로는 선뜻 자신의 하인이었던 이자익을 목사로 청빙하였다. 이후 장로교단 총회장을 세 번이나 역임한 이자익은 자신의 신분이 마부 출신이었다는 것을 서슴없이 밝혔다.[24]

금산교회의 이야기는 당시 개신교회가 사회의 변화에 앞서 민주적이고 평등한 사회질서를 확립하는 데 기여했다는 점을 보여준다. 초기 개신교회에 신분이 낮은 사람이나 가난한 사람들이 많이 모여들었다는 사실에서 더 나아가 이들이 평등한 공동체를 이루고자 노력했다는 것을 알 수 있다.

4) 자주적 교회

전북 지역의 초기 개신교회들이 미국 선교사들의 영향 아래 시작되고 성장한 것은 사실이지만, 이 과정에서 독립적이고 자주적인 교회를 세우고자 하는 노력도 이루어졌다. 그 대표적인 사례가 최중진 목사의 자유교회 선언 사건이다.

당시 한국인 목사들은 같은 목사이면서도 선교사만큼 대접을 받지 못했고, 이로 인해 선교사와 한국인 목사 사이에 종종 의견 충돌이 일어났다. 최중진 목사는 이러한 차별에 대해 적극적으로 문제제기 하였다. 선교사들이 머물러 있는 군산과 전주, 그리고 선교사들의 선교 구역은 재정적인 지원이 잘 되어 전도의 성과가 두드러졌으나, 최중진 목사가 독립적으로 맡고 있는 구역은 재정적인 면에서 약세였고 교육 및 의료 시설을 전혀 갖추지 못하였다. 그가 담당한 매계교회에서 보통학교 과정을 수행하고 있기는 했으나, 전주신흥학교나 전주기전여학교에 비할 바가 못 되었다. 또한 최중진 목사는 선교사와 한국인 목사의 생활비가 크게 차이나는 점도 불공평한 처우라고 여겼다. 그는 상대적으로 풍족한 생활을 하는 선교사들에 비해 열악한 환경에서 조사로 활동하는 한국인의 생활이 너무 비참하다는 생각을 했다.[25]

이러한 상황에서 최중진은 목사가 된 후 1910년 1월 전주에서 전라대리회(全羅代理會)[26]가 열릴 때 다섯 가지 요구안을 제시하였다. 첫째는 처음 믿는 자들에게 세례를 주는 기준을 완화하자는 것으로, 구체적으로는 음주·흡연·축첩(蓄妾)을 하더라도 세례를 줄 수 있도록 하자는 것이었다. 둘째는 최중진 자신에게 보다 넓은 선교 구역을 달라는 요청이었고, 셋째로는 전주와 군산에서처럼 자신의 지역에도 중등학교를 세워줄 것을 요구하였다. 넷째는 교회마다 구제부 위원을 두 명씩 두어 가난하고 어려운 사람을 구제하자는 것이었고, 마지막 다섯째는 집을 한 채 사달라는 요구였다.[27]

결과적으로 선교사들은 "배은·배약·분쟁·몰지각·불복"이라는 표현을 쓰며 그의 제안을 모두 거부하였다. 이에 그는 전라대리회장인 불(William Ford Bull, 부위렴) 선교사 앞으로 편지를 보내 자신의 소속이 더 이상 '대한예수교 장로회 독노회 전라대리회'가 아니라 '대한예수교 자유교'라고 독립을 선언하였다. 불 선교사는 최중진 목사에 대한 제명안을 제출하였고, 대다수의 한국인 목사가 선교사의 입장에 서서 그의 제명에 동의하였다. 그 결과 최중진은 한국교회사의 첫 번째 제명 목사가 되었고, 그가 관장하고 있던 매계교회를 비롯하여 정읍제일교회, 천원교회, 해보교회, 고부교회 등 여러 교회가 자유교회로 넘어갔다. 최중진 목사는 얼마 동안 매계교회를 담당하였지만 곧 교회에서 밀려났고, 이후 매계리를 떠나 정읍에서 형평운동을 하면서 일생을 보냈다. 매계교회는 폐교되었다가, 만주 지방에서 항일무장투쟁을 하다 검거되어 투옥된 후 1924년 매계리로 돌아온 박봉래 장로에 의해 재건되었다.[28]

최중진 목사의 자유교회 사건에 대해, 에너벨 니스벳은 그가 "무한한 야심과 자신을 높이려는 욕구를 가진 사람"이어서 "루시퍼처럼 넘어지고 말았다."고 평가하였다. 술을 마시고 첩을 두는 남자들을 교인으로 인정하는 것은 "교회의 도덕적 기준을 하락시키는 행위로, 신도라는 이름을 갖기는 원하나 그에 대한 대가를 치르려 하지 않는 사람들"에게 호소하고자 하는 변칙이라고 비판하였다. 또한 그의 행동이 군산과 광주에서 많은 교회들을 분열시켰다고 강하게 비판하였다.[29]

그러나 최중진이 신학교를 졸업하고 당당히 목사가 된 후에도 자신의 일을 독립적으로 소신껏 하지 못한 데서 오는 좌절감을 인정할 필요가 있다는 데에 현재의 평가가 수렴되고 있다. 설사 그가 자신의 명성을 높이고 더 많은 권한을 가지기 위해 자유교회를 선언하였다고 보더라도, 그의 시도가 외세에 대한 의존 없이 호남인 스스로 선교에 임하고자 했던 자주적 목소리였다는 점을 간과해서는 안 된다는 관점에서 오늘날 최중진의 이야기는 새롭게 기억되고 있다.

처음을 '현재' 기억한다는 것의 의미

선교사들과 한국인 조사, 목사들이 전도 여행을 다닐 때 저항과 거부, 핍박이 있었으나, 이때마다 예수와 사도들도 당시 핍박을 받았다고 전하면서 성서의 이야기를 본보기 삼아 박해를 묵묵히 이겨낼 것을 강조하였다는 기록이 있다. 이에 "교인들은 아멘으로 받아들였다." 고 한다.[30] 최중진에 이어 매계교회를 재건한 박봉래도 항일무장투쟁으로 인해 형무소에 수감되어 있을 때, 성서에 나오는 출애굽의 이야기를 보고 개종을 결심하였다고 전해진다. 그는 "애굽에서 고생하는 이스라엘 백성을 하나님께서 구원해주실 때 위대한 이스라엘의 지도자 모세를 택해서 그 백성을 이끌고 바로 왕의 학정을 물리치고 가나안 땅을 바라보면서 전진하는 그 모습"을 기억하며 일제하에서 자신의 새로운 임무를 결단했다는 것이다.[31] 전북 지역 초기 개신교인들은 성서에 나오는 이야기들을 자신의 현실에 적용하여 마땅히 따라야 할 모범으로 삼아 이를 실천하고자 노력하였다는 것을 알 수 있다.

전북 지역 개신교회의 '처음'에 대한 이야기도 백여 년이 지난 현재 개신교인들이 모범으로 삼아 따르고 되살려야 한다고 여기는 이야기들이라고 할 수 있다. 그것은 현재 전북 지역 개신교인들에게 "의미 있는 모든 인간 행위의 범례"를 제시한다.[32] 사람들은 이 이야기들을 기록하고 반복해서 되새김으로써 이 이야기들이 담고 있는 의미를 현재에도 되살려 따르고자 노력한다. '처음'에 대한 이야기를 통해 현재의 뿌리를 이해하고 동시에 그것에 비추어 현재의 상황을 진단하고 바로잡고자 하는 노력을 읽어낼 수 있다.

전북 지역 초기 개신교인들은 질병으로 고통받는 사람들을 진심으로 공감하고 이들의 아픔을 치유하는 이야기를 '처음'에 위치시킨다. 조혼 풍습으로 주체성을 박탈당하고 아들을 낳는 것이 가장 큰 목표여야 했던 당시 여성들이 잃어버린 이름을 되찾고 주체적으로 삶을 선택하는 이야기를 소중히 여긴다. 신분이 낮은 자들을 위한 조직, 사회에서 버림받고 소외된 사람들을 포용하는 공동체가 교회의 시작이었다고 말한다. 동학농민운동의 실패로 많은 사람들이 허탈감과 좌절감에 빠져 있을 때, 개신교 신앙 속에서 고난을 극복할 힘과 새로운 사회 개혁의 희망을 발견한 이야기를 지금도 되뇐다. 또한 외세에 의존하지 않는 자주적인 교회를 세우려는 이야기도 잊지 않으려 한다. 계속해서 기억되고 반복적으로 언급되는 '처음'의 이 이야기들은 전북 지역의 개신교인들이 달성하고자 노력하는 현재의 다짐이자 미래의 전망을 보여준다고 할 수 있다.

주

1 김수진, 『호남선교 100년과 그 사역자들』, 고려글방, 1992, 23쪽; 주명준, 『전북의 기독교 전래』, 전주대학교출판부, 1998, 6쪽; 전주서문교회 100년사편찬위원회, 『전주서문교회 100년사: 1893-1993』, 대한예수교장로회 전주서문교회, 1999, 76-77쪽.

2 김수진, 『호남선교 100년과 그 사역자들』, 28쪽; 안영로, 『전라도가 고향이지요: 미국 남장로교 선교사들의 눈물과 땀의 발자취』, 쿰란출판사, 1998, 29쪽.

3 유요한, 「한국 개신교전통의 경전읽기에 나타난 수행적 발화: 종교의례로서 성경읽기의 비교종교학적 설명」, 『인문논총』 59, 서울대학교 인문학연구원, 2008, 9쪽.

4 안영로, 『전라도가 고향이지요』, 34-37쪽; 김수진, 『호남기독교 100년사: 전북편』, 쿰란출판사, 1998, 45쪽.

5 에너벨 메이저 니스벳 지음, 한인수 옮김, 『호남선교초기역사(1892-1919)』, 경건, 1995, 29-33쪽.

6 안영로, 『전라도가 고향이지요』, 37-42쪽.

7 주명준, 『전북의 기독교 전래』, 89-90쪽; 전주서문교회 100년사편찬위원회, 『전주서문교회 100년사』, 95쪽.

8 김수진, 『호남선교 100년과 그 사역자들』, 59쪽.

9 안영로, 『전라도가 고향이지요』, 78쪽.

10 김수진, 『호남선교 100년과 그 사역자들』, 70쪽; 안영로, 『전라도가 고향이지요』, 78-79쪽. "기독교인들은 물론 비기독교인들까지 최 목사를 따르고 존경했다. 최 목사가 말을 타고 순회할 때면 고을 사람 모두 마치 원님 대하듯 고개를 숙이고 예를 표했다." 신광교회(구 매계교회)의 조영기 장로 증언. 주명준, 『전북의 기독교 전래』, 237쪽.

11 안영로, 『전라도가 고향이지요』, 79쪽.

12 김수진, 『호남선교 100년과 그 사역자들』, 57, 69쪽. 이에 대해 주명준은 당시 매계교회 교인수가 3천 명에 이르렀다는 것은 다소 과장된 수치라고 지적한다. 그는 오늘날 인구 65만의 전주에서 아무리 큰 교회라도 3천 명의 교인을 포용한다는 것은 어려운 일인데, 하물며 100년 전에 인구도 별로 없던 당시 매계교회에서 3천여 명의 교인이 재적하였다는 말은 믿기 어렵다고 주장하였다. 주명준, 『전북의 기독교 전래』, 237쪽.

13 김수진, 『호남선교 100년과 그 사역자들』, 61, 81쪽.

14 동련교회역사편찬위원회, 『예수꾼의 뚝심: 동련교회구십년사』, 동련교회, 1992, 30-32쪽; 주명준, 『전북의 기독교 전래』, 199-120쪽; 정옥균, 「전북지역 개신교 초기 교회의 형성과 그 전개과정에 대한 연구(1892-1945년)」, 한신대학교 박사학위논문, 1999, 64쪽.

15 동련교회역사편찬위원회, 『예수꾼의 뚝심』, 32쪽; 정옥균, 「전북지역 개신교 초기 교회의 형성」, 64쪽.

16 유생들의 세가 강한 전주 시내에 개신교회가 뚫고 들어갈 수 있는 공간이 주어지지 않았다는 이유도 지적될 수 있다. 김수진, 『호남기독교 100년사』, 113쪽.

17 김수진, 『호남선교 100년과 그 사역자들』, 71-72쪽; 김수진, 『호남기독교 100년사』, 200-201쪽.

18 김수진, 『호남기독교 100년사』, 359-361쪽.

19 니스벳, 『호남선교초기역사』, 77쪽.

20 매티 테이트, 「인모귀도(1910)」, 『호남교회춘추』 5월 창간호, 호남교회춘추사, 1994, 79-90쪽; 니스벳, 『호남선교초기역사』, 159-165쪽.

21 니스벳, 『호남선교초기역사』, 196-198쪽.

22 니스벳, 『호남선교초기역사』, 204-205쪽; 김수진, 『호남기독교 100년사』, 72쪽.

23 김수진, 『호남기독교 100년사』, 42-43, 53쪽.

24 안영로, 『전라도가 고향이지요』, 84-89쪽; 김수진, 『호남기독교 100년사』, 217-220, 226쪽; 주명준, 『전북의 기독교 전래』, 222-226쪽; 김수진, 『금산교회이야기: 한국기독교회사 100년을 증거하는 'ㄱ'자 교회』, 금산교회문화재보존위원회, 1999, 12-69쪽. 금산교회는 초창기에 남성과 여성의 자리를 구분하여 건축한 기역(ㄱ) 자 모양의 교회 건물을 그대로 보존하고 있다.

25 김수진, 『호남선교 100년과 그 사역자들』, 66, 82쪽.

26 1907년 평양 장로회신학과 제1회 졸업생 7명이 배출되면서 자체 조직의 필요성이 대두하여 1912년 총회가 창설되기 전까지 사실상 독노회(獨老會)가 총회적 역할을 수행하였다. 선교사 33명, 찬성 회원 9명, 한국 교회 대표 36명이 참여하였으며, 7명의 한국인 최초 장로교 목사를 안수하였고, '대한장로회 신경(信經)'을 채택하였다. 이는 총회 창설의 바탕이 된다. 1907년 독노회가 조직된 후 교세가 확장되어 독노회 산하에 7 대리회(代理會)를 조직하여 각 지방을 관할하였다. 독노회로서는 전국을 관장하기 힘들고 회의를 자주 소집하기도 힘들었기 때문에 경기, 충청, 평북, 평남, 경상, 함경, 그리고 전라대리회를 설치하여 노회의 모든 권한을 위임받아 처리하도록 하였다. 이후 1912년 평양 장로회신학교 강당에서 '조선예수교장로회 총회'가 결성되었는데, 이는 1887년 9월 한국 장로회 최초의 교회인 새문안교회 설립 후 25년 만의 일이었다. 김수진, 『호남선교 100년과 그 사역자들』, 23쪽; 한국컴퓨터선교회, 독노회, 2007년 11월 22일. http://kcm.kr/dic_view.php?nid=39420(2020. 9. 28. 접속)

27 안영로, 『전라도가 고향이지요』, 92-93쪽; 주명준, 『전북의 기독교 전래』, 248-251쪽.

28 김수진, 『호남선교 100년과 그 사역자들』, 31, 85, 97-98쪽.

29 니스벳, 『호남선교초기역사』, 90쪽.

30 김수진, 『호남선교 100년과 그 사역자들』, 74-75쪽.

31 김수진, 『호남선교 100년과 그 사역자들』, 98쪽.

32 미르치아 엘리아데 지음, 이은봉 옮김, 『종교형태론』, 한길사, 1996, 520쪽.

참고문헌

김수진, 『호남선교 100년과 그 사역자들』, 고려글방, 1992.

______, 『호남기독교 100년사: 전북편』, 쿰란출판사, 1998.

______, 『금산교회이야기: 한국기독교회사 100년을 증거하는 'ㄱ'자 교회』, 금산교회문화재보존위원회, 1999.

동련교회역사편찬위원회, 『예수꾼의 뚝심: 동련교회구십년사』, 동련교회, 1992.

매티 테이트 지음, 「인모귀도(1910)」, 『호남교회춘추』 5월 창간호, 호남교회춘추사, 1994.

미르치아 엘리아데 지음, 이은봉 옮김, 『종교형태론』, 한길사, 1996.

안영로, 『전라도가 고향이지요: 미국 남장로교 선교사들의 눈물과 땀의 발자취』, 쿰란출판사, 1998.

에너벨 메이저 니스벳 지음, 한인수 옮김, 『호남선교초기역사(1892-1919)』, 경건, 1995.

유요한, 「한국 개신교전통의 경전읽기에 나타난 수행적 발화: 종교의례로서 성경읽기의 비교종교학적 설명」, 『인문논총』 59, 서울대학교 인문학연구원, 2008.

전주서문교회 100년사편찬위원회, 『전주서문교회 100년사: 1893-1993』, 대한예수교장로회 전주서문교회, 1999.

정옥균, 「전북지역 개신교 초기 교회의 형성과 그 전개과정에 대한 연구(1892-1945년)」, 한신대학교 박사학위논문, 1999.

주명준, 『전북의 기독교 전래』, 전주대학교출판부, 1998.

한국컴퓨터선교회, 독노회, 2007년 11월 22일. http://kcm.kr/dic_view.php?nid=39420(2020. 9. 28. 접속)

‘만남’을 통해 본 전주 지역 초기 개신교 풍경

***

오성준

전주 지역 초기 개신교 풍경을 찾아서

천주교와 개신교를 아우르는 한국 기독교 역사에서 전주 지역은 매우 중요한 의미를 지닌다. 우선 천주교의 경우 전주는 한국 최초로 순교자가 나온 곳이며, 1801년 신유박해를 시작으로 많은 천주교 신자들의 순교의 피가 뿌려진 곳이기도 하다. 특히 많은 순교자들 가운데 이순이 루갈다의 경우 옥중편지들과 숭고한 삶의 모습을 통해 천주교라는 새로운 종교와 사상의 세례를 받은 새로운 인간형의 출현을 보여준 바 있다.[1] 이 글에서는 그로부터 백여 년이 지난 1900년을 전후한 시기에 전주 지역에 자리 잡은 개신교의 초기 풍경을 다루고자 한다.

대체로 조선의 천주교는 독학을 통한 수용이라는 특이한 점이 있으나, 개신교의 경우에는 외국인 선교사들과의 ‘만남’이 새로운 종교가 이 땅에 자리 잡는 데 큰 영향을 미쳤다. 특히 호남 지역을 포함한 남쪽 지방에서는 선교사들에 의한 교회 설립이 주를 이뤘다는 점을 생각했을 때, '만남'이라는 관점에서 전주 지역에 개신교가 들어와 자리 잡았던 이야기들을 되짚어볼 필요가 있다. 그리고 그 만남으로부터 배태된 특별한 시공간과 새로운 인물형과 관련된 이야기들을 살피는 과정은 전주 지역 초기 개신교 풍경을 살피는 데 있어 중요한 과정이라고 할 수 있다.

안타깝게도 현재로선 전주서문교회의 기록들과 당시 남장로교 선교사들이 보낸 보고서나 편지, 그리고 일기 등의 기록들 외에는 참고할 수 있는 자료들을 찾기 힘들다. 관련 기록들이 주로 교회 안의 기록에 집중되어 있다는 점, 또한 어떠한 사실에 대해 기록마다 다소 차이가 있다는 점을 고려했을 때, 정확한 사실관계를 파악하기에는 무리가 있을 수 있다. 이 글의 후반부에서 다루게 될 인물들에 대한 이야기들 역시 이야기의 특성상 가공되거나 각색되었을 가능성을 배제할 수 없다. 그럼에도 불구하고 남아 있는 자료들이 부족한 상황에서 이상의 자료들은 당시 전주 지역 초기 개신교의 상황을 살펴보는 데 있어서 중요한 자료인 것은 틀림이 없다. 따라서 이 글에서는 남아 있는 기록들을 통해 거칠게나마 전주 지역에 처음으로 개신교가 들어와 정착하던 당시의 풍경을 그려보고 남아 있는 이야기들이 가지고 있는 의미가 무엇인지에 대해 읽어내고자 한다.

전주 지역 개신교의 출발

1885년부터 아펜젤러와 함께 한국에 들어와 선교활동을 벌였던 언더우드(H. G. Underwood, 원두우)는 안식년을 맞아 미국으로 돌아가 곳곳에서 선교 보고 강연회를 열었다. 1891년 9월 그가 시카고에 있는 맥코믹(McCormick) 신학교에서 강연을 할 때, 당시 신학생이었던 테이트(L. B. Tate, 최의덕)는 깊은 인상을 받게 되었다. 그해 10월 테네시주 내슈빌(Nashville)에서 열린 '미국 신학생연합 외국선교회'에서 언더우드가 한국 선교 강연을 하였고, 당시 밴더빌트(Vanderbilt) 대학교에서 유학 중이던 망명객 윤치호(尹致昊, 1865~1945) 역시 그곳에서 한국에 관한 강연을 하였다. 이 자리에서 테이트뿐만 아니라 유니언 신학교(Union Theology School) 학생이었던 레이놀즈(W. D. Reynolds, 이눌서)는 큰 감명을 받고 한국 선교에 관심을 갖게 되었다. 또한 그 자리에 참석했던 친구에게 선교 보고를 전해 들은 전킨(W. M. Junkin, 전위렴) 역시 한국 선교를 결심하였다.[2]

언더우드의 선교 보고 강연을 통해 한국과 전혀 관계없었던 세 외국인 신학생들의 내면에 한국이라는 나라가 자리 잡게 되었다. 그들이 마음속에 가지고 있는 이웃의 범주에 저 동쪽 끝에 있는 작은 나라가 처음으로 들어오게 된 것이다. 이 만남의 순간을 단순히 그들이 알지 못했던 작은 나라에 대한 관심으로 치부할 수 없는 까닭은, 그 이후 그들이 한국에 선교사로 오기 위해 기울였던 노력과, 한국이라는 낯선 나라에 들어온 이후에 낯선 지역 전주에서 보여준 그들의 삶의 흔적들 때문이다. 그런 의미에서 전주 지역 초기 개신교 풍경을 이야기할 때, 이 세 신학생과 한국의 만남은 어쩌면 '출발'으로서의 의미를 지닌다고 할 수 있다.

이들은 설레는 마음으로 남장로교 외지 선교부에 한국 선교를 신청했으나, 처음에 교단에서는 인력과 자금 부족을 이유로 이들의 신청을 거부했다. 그러나 이들이 꾸준히 노력한 결과 1892년 8월 남

[사진 1] 7인의 선발대 (전주서문교회 소장)

장로교 외지 선교부 실행위원회는 테이트, 레이놀즈, 전킨 세 사람을 한국 초대 선교사로 선정하였다. 최초로 3명의 선교사가 정해진 후, 당시 선교에 관심이 있던 4명의 여성이 가담했다. 이들 4명의 여성은 레이놀즈의 부인 팻시 볼링(Patsy B. Reynolds), 전킨의 부인 메리 레이번(Mary L. Junkin, 전마리아), 테이트의 여동생 메티 테이트(Mattie S. Tate, 최마태), 그리고 린니 데이비스(Linnie F. Davis)였다.[3]

이들 '7인의 선발대'는 1892년 9월 7일 세인트루이스(St. Louis) 중앙장로교회(Central Presbyterian Church)와 길장로교회(Avenue Presbyterian Church)에서 남장로교단의 파송 예배 후, 그토록 바라 마지않던 한국을 향해 출발했다. 파송 예배의 순간 이 젊은이들은 정말 아름다웠을 것이다. 자신이 누릴 수 있는 모든 것을 뒤로하고 어두운 땅에 있는 영혼들을 위해 떠나는 젊은이들이었기 때문이다. 그렇게 그들은 빅토리아호를 타고 1892년 11월 제물포를 통해 낯선 땅 한국에 도착했다.[4]

당시 한국에서는 여러 나라에서 온 다양한 교파들이 선교지를 놓고 많은 혼란과 마찰을 겪고 있었다. 이런 불필요한 마찰을 방지하기 위해 각 교단 선교부는 선교지 분할 협정을 맺었고, 미국 남장로교 선교부는 전라도와 충청도를 아우르는 호남 지역과 제주도의 선교를 담당하게 되었다.[5] 이에 레이놀즈 선교사는 1893년 6월 자신의 어학 선생이자 자신의 일을 돕고 있던 조사(helper) 정해원(鄭海元)을 전주에 미리 보내 완산 언덕 아래 은송리에 초가집을 구입하게 함으로써 그곳에 선교 거점을 마련했다. 이것이 현재 전주서문교회의 모체가 된 은송리 예배당으로, 호남 지역 최초의 교회의 시작이었다. 특히 완산 언덕은 풍류를 즐기던 누각들이 몇 개 있기는 했지만, 주로 전주성 밖으로 밀려난 가난하고 소외된 사람들이 모여 살던 곳이었다. 그해 가을부터 선교사들은 조심스럽게 한두 명씩 전주를 방문해 1~2주간 머물면서 선교를 위한 탐색과 소극적인 선교활동을 하고 서울로 돌아갔다. 1894년 2월 테이트 선교사 남매가 전주에 상주하기로 결정하고, 그들이 전주에 도착하면서 본격적인 선교활동이 시작되었다.[6]

[사진 2] 은송리 예배당과 테이트 선교사
(전주서문교회 소장)

전주에 도착한 그들은 은송리 초가집에 머무르면서 선교활동을 시작했다. 특히 테이트 양의 경우 전주에 거주하게 된 최초의 서양 여성이었기 때문에 많은 한국 여성들의 호기심의 대상이 되었다고 한다. 그녀가 전주 성내에 들어가지 않더라도 많을 때는 한 번에 400~500명씩 몰려들었다고 하니 당시 사람들의 호기심이 얼마나 컸는지를 짐작해볼 수 있다.[7] 선교사들은 성경과 기독교 서적들을 펼쳐놓고 찾아오는 사람들과 이야기를 나누었고, 성경책에 관심을 보이는 사람들에게는 성경책을 팔기도 하며 선교활동을 전개해나갔다.

선교사들이 전주 지역과 만나는 과정이 순탄했던 것만은 아니다. 본격적인 선교활동이 시작된 1894년에 동학농민운동이 일어나자,

선교사들은 서울로 당분간 철수했다가 이듬해에 전주에 다시 돌아왔다.[8] 선교사들이 다시 전주에 돌아온 시기와 관련해서는 관련 자료에 따라 다소 차이가 있으나, 당시 레이놀즈 선교사의 보고에 따르면 동학군이 전주성을 점령하는 과정에서 이미 전주 성내의 3분의 1 정도가 파괴되어 있었고, 이전에 예배에 참석했던 작은 공동체 역시 흩어져 다시 찾아볼 수가 없었다고 한다.[9] 민심은 더욱 피폐해져 있어서 사람들의 마음은 좀처럼 열리지 않았고, 당시 동학농민운동의 영향으로 사람들이 서양 귀신들을 쫓아내야 한다며 선교사들에게 적대적인 모습을 보이기도 했다.

그러나 그들은 이러한 열악한 환경에서도 은송리 예배당 위쪽 초가집 두 채와 언덕 부지를 자비(自費)로 구입하여 더 많은 선교사들이 내려올 수 있는 터전을 마련했다.[10] 1896년 11월에는 해리슨(William B. Harrison, 하위렴) 선교사가 전주에 도착해 약방을 차리고 약을 나누어 주며 선교활동을 시작했다. 그는 1898년에 '7인의 선발대'의 한 사람이었던 린니 데이비스와 결혼해 전주에 터전을 잡고 어린이, 부녀자, 환자 등을 주 대상으로 선교활동에 전념했다.[11] 린니 데이비스는 환자를 열성적으로 돌보다가 발진티푸스에 감염되어 1903년 6월 19일 41세의 나이로 별세하여 전주 선교사 묘지에 가장 먼저 안장되었다. 그리고 1897년 6월에 성서 번역과 부인의 건강 때문에 서울에 머물러 있던 레이놀즈 선교사가 전주에 합류하고, 같은 해 11월에는 한강 이남 최초의 의사인 마티 잉골드(Dr. Mattie B. Ingold)가 전주에 도착하여 완산 언덕 은송리를 중심으로 본격적인 선교활동이 전개되었다.

전주 지역 개신교의 초기 풍경: 교회와 병원, 그리고 학교를 통한 만남

선교사들의 본격적인 전주 지역 선교활동은 교회를 중심으로 진행되었다. 1897년 7월 17일은 전주 지역 개신교 풍경에서 매우 특별한 순간이었다. 레이놀즈 선교사의 설교와 집례로 첫 세례식이 거행되었기 때문이다. 이날 은송리 예배당에서 김창국, 김내윤, 유씨 부인(유충경의 모), 김씨 부인(김창국의 모), 함씨 부인, 이렇게 5명의 신자가 세례를 받았고, 이들이 전주 최초의 공식적인 신자들이라고 할 수 있다. 은송리 예배당을 모체로 한 호남 최초의 교회인 오늘날의 전주서문교회가 정식으로 시작된 것이다.[12] 이렇게 세워진 교회는 이후 선교 스테이션의 중심에서 선교사들과 전주 사람들이 만나는 통로가 되었다.

앞서 살펴보았듯이 남장로교 선교사들이 속속 전주에 합류함으로써 1897년에는 이미 많은 선교사들이 전주에 거주하고 있었다. 그런데 당시 전주 지역 유생들이 완산 언덕이 조선 왕조의 선산이라는 이유로 선교사들의 거주를 문제 삼았고, 선교사들은 고종의 요청에 따라 완산을 떠나 선교지부를 옮겨야 했다.[13] 이 과정에서 선교사들은 넓은 땅과 건축에 필요한 비용 일체를 지원받는 조건으로 전주성 서쪽 화산(현재 전주시 중화산동)으로 옮기게 되었다.[14] 이때 선교사들이 구입했던 가옥을 예배에만 사용하도록 하고 '전주교회'라고 부르기 시작했다. 그리고 이 '전주교회'를 중심으로 차차 병원과 학교들이 설립됨으로써 전도-의료-교육을 축으로 하는 삼각지대가 형성되었고, 이 특별한 공간은 오늘날에 이르기까지 전주 지역 개신교사, 의료사, 교육사를 설명하는 중심축이 되어왔다.

[사진 3] 마티 잉골드 선교사의 왕진 모습
(전주예수병원 의학박물관 소장)

병원의 경우, 1898년 11월 3일에 마티 잉골드 선교사가 완산 언덕 초가집에서 진료소를 열고 어린이 및 여성 환자 외래 진료를 시작하면서 오늘날의 '전주예수병원'이 시작되었다.[15] 이후 1902년에는 해리슨 선교사에 의해 서양식 병원 건물이 완성되었고, 1912년에 이르러 다가동 기슭에 30병상 규모의 병원이 건축되었다. 당시 전주 사람들은 이 장로교 병원을 '야소병원'이라고 불렀다.[16] 이는 오늘날 세브란스 병원의 전신이라고 할 수 있는 제중원(濟衆院) 다음으로 설립된 호남 최초의 근대 병원이었다. 1987년까지는 외국인 의료 선교사들이 원장을 역임했고, 그 이후로는 한국인이 원장을 맡아 전주를 비롯한 호남 지역의 의료와 선교에서 중심 역할을 해왔다.

교회와 병원 이외에도 전주 지역의 선교사들은 교육을 통해 선교활동을 전개했다. 1900년 4월 2일, 테이트 선교사의 여동생 매티 선교사는 그녀의 집에서 여학생 6명으로 '전주여학교'를 시작하였다. 매티 테이트는 한국어에 능통했으며, 전주에서 어린이와 여성 선교에 헌신하며 일생을 독신으로 지냈다.[17] 매티 테이트가 시작한 전주여학교는 1904년 전킨 선교사의 부인 메리 레이번이 2대 교장으로 부임하여 학교를 운영하였다. 그러나 전킨 선교사가 풍토병과 과로로 쓰러져 1908년 1월에 세상을 떠나게 되자, 메리 레이번 교장은 사임하고 귀국하였다. 그녀는 떠났지만 전주에서 활동하던 선교사들과 한국인 교회 지도자들이 메리 레이번 선교사의 헌신적인 학교 운영에 대한 감사와 전킨 선교사의 희생정신에 감명을 받아 이들의 정신을 기리는 의미로 학교명을 '전목사기렴녀중학교(Junkin Memorial Girl's School),' 즉 '기전여학교(紀全女學校)'라고 부르게 되었다.[18]

1910년 10월에는 현재 예수병원이 위치한 곳에 서양식 2층 홍벽돌집을 지어서 학교를 이전했다. 이후 기전여학교는 그 교육 목적에 부응하여 지역사회에 필요한 여성 지도자들을 길러내었다. 일제 강점기 독립을 위한 비밀결사대를 조직한 박현숙을 비롯하여 전주에서 3·1독립만세운동을 주도한 임영신, 고아들을 돌본 방애인, 『혼불』의 작가 최명희 등 수많은 기전여학교 졸업생들이 당대 사회를 빛내는 역할을 하였다.

1900년 9월 9일 레이놀즈 선교사 역시 조선시대 유생들의 교육 장소였던 희현당 옛터에서 학교를 시작했다. 1906년 4월에는 학교명을 '예수교학교'로 정했다가, 1908년 9월 다시 '신흥학교'라고 했다.[19] 신흥학교는 1919년 3월 13일 기전여학교와 함께 전주 지역 3·1운동에 주도적인 역할을 하기도 했는데, 신흥학교 학생들이 그 당시에 학교 지하실에서 비밀리에 태극기를 만들어 전주 시민들에게 배포했던 것이다.

이처럼 전주 지역 초기 개신교 선교사들은 교회와 병원, 그리고 학교를 중심으로 하는 선교 스테이션을 통해 그들이 마음에 품었던 한국 땅에서 이 지역 사람들과 적극적으로 '만남'으로써 선교활동을 전개했음을 확인할 수 있다.

전술했듯이 전주 지역 초기 개신교 풍경에서 남장로교 선교사들과 관련된 기록들은 주로 서문교회 역사나 이들이 작성한 보고서, 일기, 그리고 편지 등을 통해 확인이 가능하다. 관련 기록들이 교회 측의 기록에만 편중되어 있다는 점과 선교사들이 작성한 기록이 실제 사실과 부합하지 않는 점이 많다는 한계는 있지만, 당시 전주 지역 초기 개신교 풍경을 그려보는 데 있어서 중요한 자료들임에는 분명하다. 이러한 자료들을 바탕으로 지금까지 당시 전주 지역에 큰 영향을 미쳤던 선교사들과 그들이 만들어낸 풍경을 알아보았다면, 다음에는 그때 그곳에서 등장한 특별한 한국 사람들에 대한 이야기를 살펴보고자 한다.

만남을 통해 배태된 새로운 사람들의 이야기

1) '걸인의 친구' 이거두리(李普漢)

1931년 10월 3일 자 『동아일보』에 특이한 기사 하나가 실렸다. 거지들이 집집마다 다니며 동냥을 해서, 그것으로 어떤 사람의 장례식을 치러주었다는 것이다.[20] 이 사상 초유의 걸인장(乞人葬) 이야기의 주인공은 평생을 활인적덕(活人積德)했다는 속칭 이거들 선생, 혹은 이거두리라고 불렸던 이보한(李普漢, 1872~1931) 선생이다.

이거두리 선생은 목천포 당뫼에서 팔백 석 지주인 이경호(李敬鎬)의 아들로 태어났다. 그의 생모 김씨는 신분이 낮다는 이유로 집안의 구박을 견디지 못하고 이보한이 어렸을 적에 집을 나가고 말았는데, 이로 인해 그는 장남임에도 불구하고 서자의 신분으로 눈총을 받으며 자라야 했다. 그는 어렸을 때 열병을 앓아 왼쪽 눈을 실명해서 그 이후로 검정 안경을 쓰고 다녔다고 한다.

기록에 따르면, 1905년 3월 이보한의 집에 강도가 들었고 부친인

이경호가 강도 떼의 습격을 받아 사경을 헤메고 있을 때, 당시 전주 선교부에 와있던 포사이드 선교사가 이경호를 치료했다. 그런데 그날 밤 그집을 습격했던 강도들이 재차 습격을 해서 포사이드 역시 공격을 받아 중상을 입고 치료를 위해 일본으로 후송되었다.[21] 포사이드의 치료를 받고 살아난 이경호는 미안한 마음뿐이었다고 한다. 이를 보답하는 차원에서 교회에 나가기는 해야겠는데 양반 체면에 직접 교회에 갈 수 없어 집안사람들을 불러 모아 지원자를 찾았다. 모두 눈치만 보고 있는데, 포사이드가 보여준 행동에 감명을 받은 아들 이보한이 교회에 나가겠다고 나섰다. 현재 서문교회에 남아 있는 기록에 따르면, 그렇게 그는 전주 지역 교회의 첫 번째 양반 신자가 되었던 것이다.

그가 이보한이라는 이름이 아닌 이거두리 선생으로 불리게 된 데에는 다음과 같은 이야기가 있다. 목청이 좋고 노래를 잘했다는 이보한이 거리에 나가 전도를 할 때마다 불렀던 찬송가가 있는데, 이는 보한을 사랑해주며 알뜰하게 보살폈던 큰어머니가 즐겨 부르던 것이기도 했다. 해당 찬송가는 현재 『통일찬송가』 260장(『새찬송가』 496장)이며, 가사의 내용은 다음과 같다.

> 새벽부터 우리 사랑함으로써 저녁까지 씨를 뿌려봅시다. 열매 차차 익어 곡식 거둘 때에 기쁨으로 단을 거두리로다. 거두리로다 거두리로다, 기쁨으로 단을 거두리로다. 거두리로다 거두리로다, 기쁨으로 단을 거두리로다.

후렴부에서 반복되는 "거두리로다"라는 가사로 인해 이보한은

‘이거두리’ 혹은 ‘거두리 참봉’으로 불리게 되었다. 전해 내려오는 이야기에 따르면, 그는 헐벗은 이들이 지나가면 그 자리에서 불러 자신의 새 옷과 그들의 누더기 옷을 바꿔 입기도 했으며, 당시 천대받았던 나무꾼과 걸인들의 친구를 자처했다. 한평생 돈을 모을 줄 몰랐고, 친절한 친구 혹은 친척에게 돈과 의복, 신발 등을 얻어서 거지들에게 나눠주었다고 한다. 의복이 없는 거지와 배가 고픈 거지를 보면 먹는 밥과 입었던 의복이라도 벗어서 거지에게 주었다는 이야기들은 당시 그가 지향했던 삶이 남다른 것이었음을 엿볼 수 있게 해준다. 아마도 이처럼 가난하고 주린 자들의 친구가 되어주었기 때문에, 1931년 음력 8월 16일 그가 세상을 떠났을 때 가장 먼저 달려온 사람들이 전주 지역의 거지들이었으며, 그의 장례식이 당시 전주 성내에서 가장 성대한 장례식이었다고 전해지지 않나 싶다.

물론 이거두리 선생과 관련된 기록과 이야기들을 전적으로 사실로 이해하기에는 무리가 있다. 많은 이야기들이 그렇듯이 여러 부분에서 각색되고 가공되는 등 설화적 윤색이 가해졌을 가능성을 배제할 수 없기 때문이다. 다만 우리가 주목할 부분은 전주 지역 초기 개신교 풍경에서 이처럼 평범하지 않은 지향을 가진 사람에 대한 이야기가 무엇을 의미하는가이다. 이거두리 선생과 관련된 이야기들이 말하고 있는 인간형은 생활이 신앙이고 신앙이 곧 생활인 삶으로 보인다. 이는 아는 것과 사는 것이 일치하는 삶의 모습이다. 그렇게 살아내기 어렵다는 것을 알지만, 종교를 가진 사람이라면 그렇게 살아줬으면 하고 많은 사람들이 기대하는 삶의 모습이기도 하다. 어쩌면 이거두리 선생의 평범하지 않은 삶에 대한 이야기들에는 개신교 신자들뿐만 아니라 비신자들의 그러한 기대가 반영되어 있지 않나 싶다.

2) '거리의 성자' 방애인(方愛仁)

오늘날 전주서문교회 입구에 있는 안내문에는 다음과 같은 구절이 있다.

> 전주천에 버려진 고아들을 데려다 기른 '조선의 성자'로 불리는 처녀 교사

그녀는 주위 사람들로부터 "어버이, 친구, 보호자, 눈물의 사람, 기도의 사람, 열정의 사람, 성자"라고 불렸고, 그녀가 가르쳤던 학생들은 "부모 없이는 살아도 선생님 없이는 못 산다."라고 말할 정도였다고 한다. 오랜 역사를 가진 전주서문교회가 오늘날까지도 자랑하고 있는 그녀는, 이거두리 선생보다는 짧은 삶을 살았지만 이거두리 선생만큼 자신이 듣고 배운 바대로 소외된 자들을 위해 살다 간 것으로 전해지는 방애인(方愛仁, 1909~1933) 선생이다.

방애인은 황해도 황주의 부유한 집안에서 태어났다. 평양 숭의여학교를 거쳐 개성 호수돈여고를 최우등으로 졸업한 그녀는 열여덟 살에 전주기전여학교에 교사로 부임해 전주에 왔다. 방애인은 3년 만에 모교인 황주양성학교로 전근을 가게 되었고, 다시 2년 뒤인 1931년 9월 기전여학교 교사로서 다시 전주로 돌아왔다. 그런데 이때의 방애인은 2년 전 전주를 떠날 때와 비교했을 때 심적으로 큰 변화가 있었던 것으로 보인다. 당시 서문교회 배은희 담임목사가 쓴 『조선 성자 방애인 소전』에는 방애인의 1930년 1월 10일 자 일기가 있는데, 그 내용은 다음과 같다.

나는 처음으로 신의 음성을 들었다. 눈과 같이 깨끗하라. 아아! 참 나의 기쁜 거룩한 생일[22]

이러한 심적 변화가 그녀의 삶에 어떤 영향을 미쳤는지에 대해서는 이후 그녀가 보낸 삶의 모습을 통해 확인할 수 있다. 기록에 따르면, 다시 전주로 돌아온 이후 그녀는 어렵고 힘든 사람들을 위해 헌신하였던 것으로 전해진다. 부잣집 딸과 신여성으로서 단장하던 값진 옷감도 향수와 크림도 그녀의 소지품에선 찾아볼 수 없었고, 그녀가 가진 것은 단 한 벌의 옷뿐이었다고 한다. 특히 당시 전주 지역에 수재가 발생해 이재민들이 전주천 인근에 밀려들었을 때, 추위에 떨고 있던 한 가족을 위해 자신의 시계와 만년필을 팔아 셋방을 얻어주었다는 이야기는 그녀의 삶이 평범하지 않았음을 보여준다.

가난하고 소외된 이들을 위해 살았던 그녀의 삶은 전주 지역 최초의 고아원이 지어졌던 과정에서도 확인된다. 현재 고아원 건물은 남아 있지 않으나, 그 터가 전주시 미래유산으로 지정되어 있다. 당시 방애인은 부모 없이 거리에 방치된 아이들을 돌보기 위해 서문교회 청년들과 함께 전주 시내 8천여 호를 가가호호 방문해 한 푼 두 푼 모아 1931년 12월 전주서문교회와 인접한 윤락가에 기생집 한 채를 구입하여 고아원을 개원하였다고 한다.

이처럼 자신의 몸을 돌보지 않고 가난하고 소외된 이들을 위해 살았던 그녀는, 결국 병약한 몸으로 1933년 여름방학을 고향에서 보내고 전주로 돌아온 직후인 9월 16일에 24세의 나이로 별세하였다. 그녀가 숨을 거뒀다는 소식은 당시 전주 시내에 금방 알려졌고, 그녀의 장례식 때 상여를 메고 공동묘지로 향하여 가는 소복 입은 수십 명의 여자들의 눈물과 울음소리, 수백 명의 학생들의 울음소리는 전주 시내를 온통 슬픔의 장소로 만들었다는 이야기가 전해지고 있다.[23]

이거두리 선생과 마찬가지로 현재로선 방애인이 살아냈던 삶을 정확히 파악할 수는 없지만, 그녀 사후 1934년 배은희 목사가 쓴 『조선 성자 방애인 소전』의 일부는 그녀의 삶과 이야기를 조금이나마 더 듬어 알 수 있게 해준다.

> 그는 세상을 비관하는 성자가 아니요, 세상을 낙관하는 성자였다. 그는 스승이 되려는 교만한 성자가 아니요, 형제의 발아래에 엎드려 겸손히 섬기는 성자였다. 그는 죄인에 대한 책망의 성자가 아니요, 죄인에 대한 눈물의 성자였다.[24]

만남, 전주 지역 개신교의 씨앗이 되다

지금까지 전주 지역 초기 개신교의 시작과 전개 과정을 살펴보았다. 어떤 역사를 살펴보는 데 있어서 시작점은 매우 중요하다. 이 글에서는 전주 지역 개신교의 출발을 1891년 미국으로 보고자 했다. 언더우드 선교사를 통해 세 명의 젊은 신학생들의 마음에 한국이 강력하게 자리 잡게 된 만남의 순간으로부터 전주 지역 개신교의 역사가 시작되었다고 본 것이다. 그렇게 선교사들이 전주 지역과 만나고, 교회와 병원, 그리고 학교를 통해 전주 지역의 사람들과 만나는 그 만남의 순간들을 통해 이 지역에 씨앗이 심겼다.

선교사들을 통해 심긴 씨앗은 이후로 그 가르침을 받아들이고 그대로 살아내고자 했던 많은 사람들을 통해 싹을 틔우고 자라 열매를 맺어왔다. 선교사들이 세운 교회와 병원, 그리고 학교를 축으로 하는 인큐베이터를 통해, 같은 시대에 이거두리와 방애인 같은 새로운 인간형이 배태되어 오늘날까지 그들의 이야기가 전해져 내려오고 있다. 그들에 대한 이야기들을 가만히 되짚어보면, 그들은 새로운 종교의 가르침을 단지 아는 데서 그치지 않고 그들의 삶에서 살아내기 위해 고군분투했던 것으로 보인다. 선교사들을 통해 전해진 새로운 종교의 가르침대로, 어쩌면 그 이상으로 가난하고 병들어 소외된 자들을 그들의 이웃으로 삼아 자기 몸처럼 사랑하며 뜨겁게 한 생애를 살아냈기 때문에 오늘날까지도 그들의 흔적과 이야기들이 흘러온 것은 아닌지 다시 한번 생각해보게 된다. 이거두리와 방애인 외에도 전주 지역 초기 개신교의 풍경에는 드러나지 않은 영웅들의 이야기들이 존재한다. 남아 전해지는 이 이야기들을 더듬어 그때의 풍경을 되살려본다면, 전주라는 공간이 가지고 있는 의미를 조금 더 깊이 이해할 수 있지 않을까 한다.

주

1 정병설, 『죽음을 넘어서: 순교자 이순이의 옥중편지』, 민음사, 2014, 8쪽.

2 박용규, 『한국기독교교회사』 1, 생명의말씀사, 2004, 431-432쪽.

3 전주서문교회 100년사편찬위원회, 『전주서문교회100년사』, 전주서문교회, 1999, 75-76쪽.

4 7인의 선발대 가운데 가장 먼저 조선에 들어온 사람은 미혼 여성 린니 데이비스였다. 그녀는 테이트 남매와 함께 샌프란시스코를 출발했으나, 테이트 남매가 일본 요코하마에 잠시 머무르는 동안 혼자서 먼저 조선에 입국했다. 이날이 1892년 10월 17일이었다. 레이놀즈 부부와 전킨 부부는 조금 늦게 출발했지만 요코하마에서 테이트 남매와 합류하여 11월 3일 조선 땅을 밟았다.

5 박완, 『실록한국기독교100년』 1, 성서교재간행사, 1979, 309-310쪽.

6 김수진, 『호남선교 100년과 그 사역자들』, 쿰란출판사, 1998, 28쪽.

7 이덕주, 『전주 비빔밥과 성자 이야기』, 진흥출판사, 2007, 23쪽.

8 안영로, 『전라도가 고향이지요』, 쿰란출판사, 1998, 34쪽; 김수진, 『호남기독교 100년사: 전북편』, 쿰란출판사, 1998, 42쪽.

9 W. D. Reynolds, "Our Korean Work: Chun-ju Before and After the War," *Christian Observer*, Oct. 9, 1895.

10 L. B. Tate, "Opening Up Work in Chunju, 1895," *Missionary*, Oct., 1917, p. 681.

11 전주서문교회 100년사편찬위원회, 『전주서문교회100년사』, 135쪽.

12 차재면 편저, 박용규 편집, 『조선예수교장로회사기』 상권, 한국기독교역사연구소, 2000, 36쪽.

13 이덕주, 『전주 비빔밥과 성자 이야기』, 27쪽.

14 Mattie B. Ingold, "Journal," Aug. 1, 1899.

15 설대위 지음, 오용·김민철 옮김, 『꺼지지 않는 사랑의 불씨』, 전주예수병원, 1998, 31쪽.

16 4개 병동 30병상의 이 신축 병원은 루이지애나주 잭슨빌의 맥코완(W. R. Mckowan)이 1만 달러를 기증하여 건축한 것으로 붉은 벽돌의 지하 1층, 지상 2층 건물이었다. 송현강, 「미국 남장로교의 전북지역 의료선교」, 『한국기독교와 역사』 제35호, 한국기독교역사학회, 2011, 62쪽.

17 전주서문교회 100년사편찬위원회, 『전주서문교회100년사』, 79쪽.

18 전주서문교회 100년사편찬위원회, 『전주서문교회100년사』, 141쪽.

19 임형태, 『더러는 옥토에 떨어지는 눈물이고저』, 쿰란출판사, 2015, 84쪽.

20 「家家戶戶에 동냥 거지들이 모여 葬式」, 『동아일보』, 1931. 10. 3, 3쪽.

21 전주서문교회 100년사편찬위원회, 『전주서문교회100년사』, 135-136쪽.

22 배은희, 『조선 성자 방애인 소전』, 전주유치원, 1934, 14쪽.

23 배은희, 『조선 성자 방애인 소전』, 64쪽.

24 배은희, 『조선 성자 방애인 소전』, 14쪽.

참고문헌

「家家戶戶에 동냥 거지들이 모여 葬式」, 『동아일보』, 1931. 10. 3.

김수진, 『호남기독교 100년사: 전북편』, 쿰란출판사, 1998.
______, 『호남선교 100년과 그 사역자들』, 쿰란출판사, 1998.
박 완, 『실록한국기독교100년』 1, 성서교재간행사, 1979.
박용규, 『한국기독교교회사』 1, 생명의말씀사, 2004.
배은희, 『조선 성자 방애인 소전』, 전주유치원, 1934.
설대위 지음, 오용·김민철 옮김, 『꺼지지 않는 사랑의 불씨』, 전주예수병원, 1998.
송현강, 「미국 남장로교의 전북지역 의료선교」, 『한국기독교와 역사』 제35호, 한국기독교역사학회, 2011.
안영로, 『전라도가 고향이지요』, 쿰란출판사, 1998.
이덕주, 『전주 비빔밥과 성자 이야기』, 진흥출판사, 2007.
임형태, 『더러는 옥토에 떨어지는 눈물이고저』, 쿰란출판사, 2015.
전주서문교회 100년사편찬위원회, 『전주서문교회100년사』, 전주서문교회, 1990.
정병설, 『죽음을 넘어서: 순교자 이순이의 옥중편지』, 민음사, 2014.
차재면 편저, 박용규 편집, 『조선예수교장로회사기』 상권, 한국기독교역사연구소, 2000.

Ingold, Mattie B., "Journal," Aug. 1, 1899.
Reynolds, W. D., "Our Korean Work: Chun-ju Before and After the War," *Christian Observer*, Oct. 9, 1895.
Tate, L. B., "Opening Up Work in Chunju, 1895," *Missionary*, Oct., 1917.

전북과 삼타원 최도화가 만난 산들

*
*
*

박병훈

전북의 원불교와 최도화

"물질이 개벽(開闢)되니 정신을 개벽하자"란 개교표어로도 잘 알려진 원불교(圓佛教)는 소태산(少太山) 박중빈(朴重彬)의 1916년 4월 28일의 대각(大覺)으로부터 비롯하였다. 소태산은 어려서부터 하늘을 보고 큰 의문을 품었고, 산신령을 만나기 위해 정성을 들이기도 하였다. 그는 15세에 결혼한 뒤에도 도사를 찾았으며, 방황을 거듭하였다. 20세에 아버지가 빚을 남기고 돌아가시자 그는 주막을 경영하기도 하고, 타리섬의 민어 파시에 가서 돈을 벌기도 하였다. 여러 난행과 고행 끝에 1916년 그는 마침내 깨달음을 얻었다.

이후 1917년 협동조합을 만들고, 1918년 길룡리(吉龍里) 간석지(干潟地)에 방언(防堰; 둑막이) 공사를 시작한다. 사람들은 방언 공사에 대해 그 성사 여부를 두고 비방을 하기도 하고, 어떤 부자가 분쟁을 일으키기도 하였지만, 소태산은 개의치 않고 합심하여 노력한 결과 마침내 성공적으로 완공한다.

이후 그는 1919년 구수산에 올라 아홉 단원에게 일자와 방위를 지정하여 기도를 계속하게 하였고, 이들의 목숨을 바칠 정도의 정성은 백지혈인(白指血印), 곧 맨손으로 종이에 지장을 찍었으나 붉은 혈인이 나타난 이적으로 드러난다.

1924년 이리 보광사에서 창립총회를 열고 '불법연구회'란 임시교명을 공개한 뒤 만덕산 만덕암(산제당)에서 초선을 하였으며, 활동본부를 익산으로 옮기게 된다. 1938년 일제의 탄압 아래에서도 불교정전을 간행하였으나, 1943년 교조 소태산이 열반하고 정산(鼎山) 송규(宋奎)가 종통을 계승한다.

해방 후 1948년 원불교라는 이름으로 바꾸고 활발하게 활동하였으며, 1962년 정산이 열반하고 대산(大山) 김대거(金大擧)가 종법사에 오른다. 이후 원불교 교단은 개교 50주년, 100주년을 거치며 교서 편찬, 교헌 제정, 훈련 강화, 세계종교연합운동 전개, 해외 교화, 교구 교화체제 확립, 서울회관 완공, 소태산 대종사 기념관 설립 등 숨가쁘게 교단 및 사회활동에 전념하였다. 대산 종사가 상사로 물러난 이후로 좌산(左山) 이광정(李廣淨), 경산(耕山) 장응철(張應哲)이 종법사로 올랐으며, 2018년 전산(田山) 김주원(金主圓) 종사가 종법사로 선출되었다.

원불교는 소태산이 태어난 전남 영광에서 시작하였지만, 전남 못지않게 전북은 원불교에 있어서 큰 의미를 지닌다. 정산 종법사는 "우리 회상이 영산에서 탁근(托根)하고, 신룡에서 개화(開化)하며, 계룡에서 결실(結實)하고, 금강에서 결복(結福)하리라." 하였는데, 여기서 영산은 전남 영광군 백수읍 길룡리를 중심으로 한 곳이고, 신룡은 전북 익산군 북일면 신룡리인데 원불교의 중심인 총부가 건설되었다. 곧 전북은 개화의 땅으로 원불교에 있어 큰 의미를 지닌다.

소태산과 선진구인들은 백지혈인으로 인한 법인성사(法認聖事) 뒤에 법명과 법호를 받게 되었는데, 그 법호에 '산'이 다 들어간다는 점에서도 짐작할 수 있듯이 원불교에 있어 산은 무척이나 중요하다.[1] 전북에도 심대한 영향을 미쳤던 산이 있다. 곧 부안(扶安) 변산(邊山)과 진안(鎭安) 만덕산(萬德山)으로 각각 변산제법성지(邊山制法聖地), 만덕산초선성지(萬德山初禪聖地)로 원불교에서 중시되는 곳이다. 이 변산과 만덕산을 살피다 보면 최도화(崔道華)라는 한 여성을 만나게 된다.

최도화는 『소대성전』을 읽으며 큰 꿈을 꾸었으나 당대의 질곡에 의해 꿈이 좌절된 여성이었다. 집에서 부리던 머슴과 원하지 않은 결혼을 하게 되고, 불행한 결혼생활로 자살을 기도하기까지 하였다. 이런 삶이 정산 그리고 소태산과의 만남으로 인하여 바뀌게 되었고, 최도화는 일타원(一陀圓) 박사시화(朴四時華), 이타원(二陀圓) 장적조(張寂照)와 더불어 교단 초기 3대 여걸로 뽑히며 강인한 기개로 활발한 활동을 통해 진안, 서울, 남원, 전주, 임실의 교화의 연원이 되는 중요한 역할을 하였다. 또한 3대 종법사 대산 김대거를 만덕산으로 인도하여 소태산, 정산, 대산이 한 자리에서 만나게 하는 중한 인연을 만들었다. 이렇듯 최도화는 원불교 역사에서 빠뜨릴 수 없는 중요한 인물이지만, 교단에서 그에 걸맞는 대우를 받았다고 보기는 어렵다.[2]

최도화라는 여걸이라고까지 불렸던 인물과의 인연은 소태산으로부터 비롯하였다. 곧 소태산은 자신과 중요한 인연을 맺을 사람을 찾는 것에 특별한 능력을 지녔던 것으로 보이며, 이러한 능력을 통해 최도화와의 인연을 마련할 수 있었던 것이다. 이 같은 능력은 정산 송규와의 인연에서도 발휘된 바 있다.[3] 곧 방언 공사를 시작하기 전 장성역에 가서 체격이 작고 얼굴이 깨끗한 소년을 데리러 오라는 명을 내렸다가 준비가 다 된 때를 기다리기 위해 그만둔 일이 있었는데, 방언 공사가 시작된 이후 김성섭에게 만날 사람을 데리러 가자고 이른 뒤에 정읍 화해리의 김해운 집을 찾아가 마침내 정산 송규를 만나게 되었던 것이다. 정산은 이에 대해 "나는 평생에 기쁜 일 두 가지가 있노니, 첫째는 이 나라에 태어남이요, 둘째는 대종사를 만남이니라.(『정산종사법어』 제2부 법어 제1기연편 8장)"라고 술회를 밝히고 있기도 하다.

이런 만남은 숙세(宿世)의 인연(因緣)들, 숙세의 법연(法緣)들을 꿰뚫는 능력이 있었기에 그 만날 장소와 시간을 지정할 수 있었던 것이리라.[4] 소태산은 정산뿐 아니라 정산의 뒤를 잇게 되는 대산과의 인연 또한 예비하였는데, 이는 삼타원(三陀圓) 최도화를 통해 만덕산에서 이루어지게 된다.

최도화, 좌포에서 대산을 인도하다

전북 진안 좌포리에서 태어난 원불교의 3대 종법사 대산 김대거는 다음 글에서 스승 소태산 대종사와 정산 종사와의 인연을 말한 뒤 여러 선진과의 인연을 밝히고 있는데, 이 가운데 자신을 원불교에 처음 이끌어준 최도화를 가장 먼저 언급하고 있다.

> 나는 세세생생 대종사께 신성을 바침과 동시에 많은 스승을 모시고 지도를 받았나니, 대종사께서는 나를 찾아주신 은사부(恩師父)시요, 마음을 낳아주신 심사부(心師父)시며, 삼학 팔조 사은 사요를 알게 해주신 법사부(法師父)시고, 정산 종사께서는 은사형(恩師兄) · 심사형

(心師兄)·법사형(法師兄)이시니라. 그리고 처음으로 이 회상에 이끌어준 최도화 선진은 인도사(引導師), 김광선 선진은 초도사(初度師), 공부심을 일으켜준 김기천 선진은 발심사(發心師), 신심을 나게 한 전삼삼·김남천 선진은 신심사(信心師), 뜻을 세워준 송도성 선진은 입지사(立志師), 불경을 가르쳐준 서대원 선진은 불교사(佛教師), 유학을 가르쳐준 송벽조 선진은 유학사(儒學師)시니라.(『대산종사법어』 제1 신심편 30장. 밑줄 필자)

최도화는 대산에게 있어 소태산과 정산을 비롯한 수많은 인연을 만나게 한, 어찌보면 가장 으뜸 가는 인연이라 할 수 있다. 최도화의 본명은 최인경(崔仁慶, 1883?~1954)[5]으로, 아버지 최순화, 어머니 진정만옥의 일곱 딸 가운데 여섯째로 태어났다. 7세 때 아버지를 여의고 어머니 밑에서 자란 최도화는 9세 때 『소대성전』을 읽고는 백운도사 같은 도인을 만나서 자신의 뜻을 이루는 것을 소원하게 되었다. 그렇지만 어머니의 뜻으로 집안의 머슴 조성옥과 13세 때 결혼하여 1남 1녀를 낳았다. 남편과 서로 뜻이 맞지 않아 화목한 가정을 이루지는 못했고, 결국 28세 때 결혼생활은 파국을 맞아 투신자살을 기도하기도 하였다.

그러나 다행히 여승 정인승이 구해주어 목숨을 건졌고 그녀를 따라 서울로 가서 출가하게 되었다. 2년간 정인승의 상좌로 살다가 출가한 지 3년이 되던 해에 계룡산 동학사에 들어가 주력(呪力) 공부에 전념하였지만 별다른 소득은 얻을 수 없었고, 전주에 내려와 태을주 치성을 드렸다. 이후 비단장수를 하며 여러 기도터를 돌아다녔고, 화주 노릇을 하기도 하였다. 이때 진안 성수면 좌포리 김승지 댁에 들르게 되었고 그 아들을 간병하여 신임을 얻게 된다. 만덕산의 산제당(만덕암) 옆에 산신각을 지어 공을 드렸고 산제당의 관리도 하였다. 이후 만덕산 미륵사에 머물고 있던 정산과 만나게 되는데, 이 이야기는 후술하도록 한다.

한편 최도화는 산제당(만덕암)을 관리하며 대산의 할머니 노덕송옥과 자주 왕래하였는데, 대산은 다음과 같이 최도화와의 인연을 말하였다.

> 나를 여기까지 이끌어주신 인도사(引導師)는 삼타원 최도화(崔道華) 정사이신데, 내 나이 열한 살 때 만덕산으로 대종사님을 뵈오러 가자고 하며 "너의 원(願)이 무엇이냐?"고 물으시었다. 그 당시 세계전쟁이 일어나서 세상이 혼란하던 때라 "내 생각 같으면 큰 성현이나 위인이 나시어 대포 하나를 크게 만들어 싸우려 할 때 대포를 펑 터뜨려 싸울 수 없게 하며 평화롭게 살 수 있도록 했으면 좋겠다."고 했더니 "바로 그 대포 만들 줄 아는 분이 만덕산에 계신다."고 하시며 "그분이 바로 대종사님이시라고" 해서 우리 어머니(안경신정사)와 할머니(노덕송옥)와 작은아버지하고 몇 분이 최도화 정사의 인도로 만덕산에 가서 대종사님을 뵙게 되었다.(『대산종사법문집』 제3집 제1편 신성(信誠) 81. 나의 스승)

대산은 나라들이 서로 싸울 때 펑 쏘아 그 싸움을 그치게 할 수 있는 커다란 대포 이야기를 꺼내며 평화롭게 살 수 있기를 바란다고 하니, 최도화는 그러한 어르신이 만덕산에 있다고 대산을 소태산 대종사에게로 인도한다. 곧 최도화를 매개로 대산과 소태산은 만덕산에서 인연을 맺게 된다. 그리고 소태산은 대산에게 다음과 같이 말한다.

> 이 세상은 모든 사람들이 각기 기국대로 일을 할 세상이다. 뜻 없이 방랑하면 세상에 빚이 되는 것이다. 불보살들은 시방 세계를 자기의 일터로 삼고 육도 사생을 자기의 권속으로 삼아서 그들을 제도하는 것으로 자신의 복락을 삼으시는 것이다. 어찌 넓고 크지 아니하냐. 이것이 곧 세상을 참으로 크게 즐기는 길이 되는 것이다.(『대종경선외록』 7. 교화기연장 1절)

세상을 참으로 크게 즐기는 길! 커다란 대포로 세상을 평화롭게 하겠다는 장대한 계획을 지녔던 대산에게 있어 이는 그가 반드시 걸어가야 할 길로 여겨졌을 것이다. 그리고 그는 출가하여 그 길을 걸어나가게 된다.

대산이 태어나고 유년 시절을 보낸 진안군 성수면 좌포리에 위치한 탄생가는 현재 원불교 성보 제15호로 지정되어 있다. 대산은 1929년 출가하였고, 1936년 가족이 익산총부 구내로 이사한 뒤, 대산의 부모와 아우의 가족이 이 집에서 살다가 교단에 희사하였고, 1930년 이 집에서 법회를 보게 되어 좌포교당이 시작된다. 탄생가 뒤편에는 대산의 조모 노덕송옥이 손자를 점지해 달

[사진 1] 대산 김대거 탄생가
(진안군 성수면 좌포리, 박병훈 촬영)

라고 기도 드렸던 거북바위가 그대로 남아 있다. 소태산이 이 거북바위를 보고 마이산 돌과 흡사하고 마이산의 기운과 통한다고 한 바 있다.

최도화, 만덕산에서 정산을 생불로 모시다

1921년 가을 소태산은 정산에게 다음과 같이 말한다.

> 이제 차츰 때가 되어간다. 어디든지 네 발걸음 내키는 대로 가보아라. 그러면 만나야 할 사람을 만날 것이다. 그러나 전주는 돌아보지 말라.[6]

코끼리는 생각하지 말라는 말을 들으면 코끼리를 생각하게 된다. 전주에 가지 말라고 하면 일단 발걸음은 전주 쪽으로 향하게 마련이다. 곧 전주 쪽이되 전주는 아닌 곳으로 가다 보니 정산은 부안, 고부, 태인, 모악산을 경유하다 미륵사 주지를 만났고 뜻이 통하여 드디어 만덕산 미륵사에 이르게 된다. 이후 정산은 최도화를 만나게 된다. 그리고 최도화를 연원으로 하여 전주, 좌포, 관촌, 금평 등 교당 설립이 이루어질 수 있었다. 소태산의 명으로 인해 정산과 최도화가 만날 수 있었으며, 만덕산은 원불교의 인연의 장소가 되었다.

만덕산은 진안·임실·완주 3개 군 경계에 있는 761.8m 높이의 산이며, 미륵사는 만덕산 북쪽, 곧 완주군 소양면 신촌리에 속하는 작은 고찰이다. 최도화는 이때 비단장수를 하며 이 절의 화주를 자처했는데, 이곳에 머물고 있던 정산을 보고는 생불님으로 받들게 되었다.

생불(生佛)이란 곧 살아 있는 부처를 말하는데, 법력과 덕망이 뛰어나다고 여겨진 이에게 붙여지는 표현이다. 그만큼 정산의 내외적인 모습이 생불을 방불케 하였던 것을 알 수 있다. 최도화는 이전에 불교와 증산 쪽에도 몸담은 바 있었지만 마음을 두지 못했으나, 정산을 통해 비로소 자신이 믿고 나아갈 바에 대한 확신이 서게 되었다. 이에 지극 정성으로 정산을 봉양하였다.

이후 미륵사에 생불님이 계신다는 소문이 퍼져나갔고, 이 상황을 곤란하게 여긴 정산은 부안 변산으로 다시 향하게 된다. 이후 소태산을 만나게 되는데 이는 뒤에서 이야기하도록 한다.

소태산은 최도화의 주선으로 1923년 만덕산에 가게 되었다. 최도화는 소태산이 어렵게 생활하고 있음을 안타깝게 여겨 자신이 있는 만덕암에 모시기로 한 것이다. 소태산은 이에 만덕산 산제당에 오게 되지만, 홀대를 받기도 하였다. 당골에게 밥을 해주었던 임실댁이 공을 드리기 위해 준비한 음식을 최도화가 소태산에게 차려 올린 것인데, 임실댁이 제물이 부정 타게 생겼다고 욕을 했던 것이다. 그런데 갑자기 턱이 빠지고 입에 거품을 물고 쓰러져서 최도화가 살려달라고 소태산에게 간청을 한다. 이에 소태산은 임실댁의 턱을 만져 바로 잡아주었는데, 정신은 돌아왔지만 그 뒤로 입이 비뚤어지게 되었다고 한다.

[사진 2] 만덕산의 원불당 (박병훈 촬영)

소태산은 만덕산에서 봄을 지낸 뒤 여름에 다시 변산 봉래정사로 돌아간다. 다시 돌아오게 된 것은

1924년 음력 5월 산제당(만덕암)에서 교단 최초의 선회를 갖기 위해서였다. 이때 소태산을 비롯하여 정산, 최도화, 오창건, 김광선, 전음광, 박사시화, 이청춘, 노덕송옥, 전삼삼, 이동진화, 김삼매화, 김대거 등 총 13명이 모여 한 달 동안 초선(初禪)을 가졌다. 이 선(禪) 훈련은 장차 정기훈련을 하기 위한 목적을 지녔기에 초선이라 한다. 최도화는 이 초선 모임에서 화주로서 식량을 구하기 위해 많은 노력을 기울였다. 이때 김대거는 11세였는데, 곧 원불교의 1, 2, 3대 종사인 소태산 대종사, 정산 종사, 대산 종사가 최초로 한 자리에 모인 의미 깊은 자리이기도 하다. 선회를 마친 소태산을 비롯한 13인은 그해 가을 익산에 총부를 건설하기에 이른다. 만덕암은 이후 한국전쟁으로 소실되었고, 뒤편 암벽에는 일원상이 그려져 있다. 2004년 만덕산 훈련원에서 만덕암 옆 최도화가 산신각을 지었던 옛터에 원불당을 지어 그 의미를 되새기고 있다.

한편 만덕산은 초선 이후로 1930년 이공주 교무가 임야 50정보를 매입하면서부터 개발되었고, 총부에서 파견된 이준경, 이보국, 정일지, 전구일, 이제문 등이 홍곡당을 짓고 산전 개간에 힘썼다. 이후 1934년 최내선 교도가 자신의 집을 희사하여 중길리 교당이 설립되었지만, 1947년 중길리 상달 마을의 화재로 교당이 전소되고 만다. 이후 최내선 교도 가족이 이사와 한국전쟁 직전까지 만덕산 농원에서 떠나지 않고 살았다. 한국전쟁 이후 열악

[사진 3] 만덕산 훈련원 (박병훈 촬영)

한 환경으로 인해 농원을 팔자고 정산 종사에게 교도들이 간청하기도 하였으나, 박낙천 교도가 서원을 세워 1967년 법당을 건축하였다. 1973년 승산 양제승 교무가 만덕산으로 부임해 오며 혼신의 노력을 다하였고, 1987년 훈련원 본관이 신축되기에 이른다.

원불교 5대 성지 중 하나인 만덕산 성지는 표고버섯을 길러내는 농장의 역할을 함과 동시에 영의 수련을 하는 훈련원이 자리잡고 있다. 이 농장과 훈련원을 통해 영육쌍전(靈肉雙全)의 자세로 세계를 개척하는 인연들이 계속해서 나오게 될 것이다.

양해관 교무의 주도로 작사·작곡된 만덕산 찬가를 소개한다. 이 노래는 유타원 김성혜 교무가 6년 동안 만덕산에서 근무했던 인연을 바탕으로, 평생을 만덕산을 지켜온 승산 양제승 종사[7]의 90세 생신을 기념하여 만덕산과 인연을 맺은 이들의 글을 모은 『일과 공부가 따로 있지 않다』(부제: 만덕산, 그 소소한 이야기)에 소개되어 있는데, 만덕산의 힘든 작업과 겨울에 진행되었던 선 훈련 속에서도 웃음꽃을 피웠던 원불교인들의 노래이다.

진안군 성수면 외궁 중길리
하달 중달 상달 지나 거룩한 도량
하늘 이은 산등성이 올라 오도재
이름마다 서리서리 성현의 자취.

대종사님 일찍이 정산 종사님
이곳에 보내시어 이르신 말씀
순일하게 받들어 보이신 성적

만고에 표본이 될 신성이어라.

굽이굽이 흘러내린 산봉우리는
천불만성 둘러앉아 공사하는 듯
홍곡 물 흘러넘쳐 만덕이리니
이곳은 일원대도 초선터라네.

(후렴)
영육쌍전 법 도량 이곳은 선경
이사병행 실습장 여기는 낙원
선진님의 높으신 얼 깊이 체 받아
신근을 확립하여 낙 수용하니
產 절로 修 절로 無時禪 절로
만덕산은 내 마음의 고향이어라.

최도화, 변산에서 소태산의 화두에 답하다

부안 변산은 소금강 혹은 봉래산으로 일컬어진다. 생거진천(生居鎭川)이란 말이 있듯 생거부안(生居扶安)이란 말도 있는데, 어사 박문수가 부안이 살기 좋다는 뜻으로 말했다고 하는 구전이 있다. 소태산은 1919년 8월 정산을 먼저 월명암에 보낸 뒤에 금산사에 들른 뒤, 그해 12월 변산 월명암에서 주지 학명과 교유하며 거사로서 머물렀다. 월명암은 신라 시기부터 있던 사찰인데, 『부설전』을 통해 부설거사와 관련한 다음과 같은 일화가 전해지고 있다.

> 오대산으로 구도의 길을 떠나고 있던 부설과 영조, 영희 스님은 두릉 구무원의 집에 머물게 된다. 주인의 딸 묘화는 열아홉 해 동안 말 한 마디 못하고 지냈는데, 부설을 보고는 말을 할 수 있게 되었고 짝이 되길 원하였다. 부설은 거절하고 떠나려 하나 묘화는 그리 되면 자결할 뜻을 결연히 보인다. 이에 부설은 묘화와 혼인을 맺고 영조, 영희 스님과 헤어지게 된다. 이에 등운과 월명 남매를 낳았고, 자신을 병부(病夫)라 칭하고 수도에 전념한다. 영조, 영희 스님이 수도를 마치고 돌아오는 길에 부설을 보게 된다. 각자 물이 든 병을 매달고는 병을 쳤다. 영조, 영희의 병은 깨져 물이 흘러내렸지만, 부설의 병은 깨졌음에도 그 물은 그대로 공중에 매달려 있는 신이함을 보여준다. 곧 부설의 법력이 더 우월함이 증명된 것이다. 이후 부설은 입적하게 된다. 두 자녀는 수도에 힘써 열반하였고, 묘화도 110세의 수명을 누린다. 산문의 큰스님들이 두 자녀의 이름을 따 등운암과 월명암을 지었다.[8]

부설거사는 여자와 결혼하여 아이를 낳은 거사이지만, 재가수도에 힘쓴 끝에 병이 깨져도 물이 흘러내리지 않는 이적을 통해 구도를 마친 영조, 영희 스님보다 더 그 경지가 높음을 단적으로 보여주고 있다. 소태산도 이 당시 스스로 석두거사라 자호하였는데, 그 자신이 결혼하고 자녀를 둔 거사의 입장에서 불교의 개혁을 외쳤던 만큼, 이 월명암에서의 부설거사와의 인연은 참으로 묘하다 하겠다.

한편으로 월명암은 조선 시대에 이적으로 이름난 진묵 대사와 관련한 일화가 전해지고 있는 곳이기도 하다.

> 대사가 일찍 변산의 월명암에 계실 때이다. 중들은 모두 탁발을 나가고 대사만이 오직 시자(侍者)와 더불어 절을 지키고 있었는데, 마침 시자가 기고(忌故)가 있어서 속가에 가야 하기 때문에 먼저 재공(齋供)을 갖추어 탁자 위에 올려놓고 여쭈옵기를, "공구(供具)는 여기에 있으니 때가 되거든 친히 재(齋)를 올리십시오."라고 하였다. 이때 대사는 방장 안에서 창문을 떨치고 손을 문지방에 대고서 능엄경을 보고 있었다. 시자가 이튿날 암자에 돌아와보니 대사는 어제와 같은 자세로 앉아 있었는데, 문짝이 불어 다치는 바람에 손가락이 상하여 피가 흐르는데도 손의 상처도 잊고 태연히 경을 보고 있었으며, 탁자 위의 재공도 불공을 올리지 않은 채 그대로였다. 시자가 절을 하고 밤새워 안후를 살폈더니 대사는 말씀하기를, "너는 제사에 참례하지 바로 왔느냐."라고 하였다. 생각컨대 대사께서는 능엄삼매에 들었기 때문에 밤이 이미 지난 줄도 몰랐던 것이다.[9]

진묵은 배고픔도 잊은 채 능엄경에 완전히 빠져 손가락이 상해 피가 흐르는데도 자각도 못하였다. 곧 능엄삼매에 들어 세상사에 초탈한 경지 높은 진묵 스님의 모습을 잘 보여주는 부분이다. 월명암은 부설거사의 딸의 이름을 따 지어진 만큼 부설거사와 인연이 깊은 곳이고, 진묵 대사가 능엄삼매에 빠져 기거한 곳이기도 하다. 이런 인연 때문이었을까? 소태산은 부설거사의 이야기를 예화로 가르쳤고, 진묵 대사를 여래의 경지에 오른 큰 불보살이라 평가하기도 하였다.

소태산이 월명암에 몸을 의탁하는 것을 민망하게 본 제자들로 인하여 소태산은 실상사 옆 마을의 실상 초당으로 거처를 옮기게 된다. 이후 1년 반 뒤에 찾아오는 이들이 많아져 거북바위 옆에 석두암을 신축하였다. 이 실상초옥과 석두암을 아울러서 봉래정사라 하는데, 변산을 소금강으로도 지칭하는 만큼 금강산의 별칭 봉래산의 이름을 딴 것이다.

[사진 4] 변산의 봉래정사 (박병훈 촬영)

소태산이 변산에 머무른 시간은 새로운 회상을 설립하기 위해 준비를 하는 기간이었다. 곧 천지, 부모, 동포, 법률의 사은(四恩), 남녀권리 동일, 지우 차별, 무자녀자 타자녀 교양, 공도 헌신자 이부사지의 사요(四要), 정신수양, 사리연구, 작업취사의 삼강령과, 신(信) · 분(忿) · 의(疑) · 성(誠) · 불신(不信) · 탐욕(貪慾) · 나(懶) · 우(愚)의 팔조목을 정하였다. 이에 변산은 원불교에 있어 제법성지(制法聖地)가 된다.

최도화는 소태산보다 정산을 먼저 만덕산 미륵사에서 보았다. 그리고 정산을 생불로 여기고 지극정성으로 시봉하였다. 이런 가운데 정산은 소태산의 명으로 소태산이 있는 변산으로 되돌아가고, 최도화는 말없이 사라진 정산을 수소문하여 변산 봉래정사에까지 오게 된다. 그리고 정산에게 스승 소태산이 있다는 것을 알게 되어 소태산을 만나게 된 것이다.

소태산은 방죽을 파면 고기가 모인다고 하며 반가이 맞았고, "푸른 병에 푸른 물이 하나 있고, 노란 병에 노란 물이 하나 있고, 붉은 병에 붉은 물이 하나 있는데 그게 뭐고?"라고 화두를 던진다. 이에 최도화는 만법귀일(萬法歸一)이라 대답한다. 이에 대해 소태산은 뭘 알고나 하는 말인지 모르겠다고 하지만, 이를 뒤집으면 대답은 맞다는 뜻이기도 하다. 소태산은 1915년 6월 칠타원 정세월과의 첫 만남에서 "일만 법이 하나로 돌아간 것을 아느냐?"라는 질문을 던진 바 있고, 정세월이 모른다고 대답하자 그를 꼭 잡고 생각해보라 하면서 만법귀일(萬法歸一) 일귀하처(一歸何處)의 화두를 건넨 바 있었다. 최도화에게 던진 화두도 이와 상통하는 것인데 어떻게 바로 대답할 수 있었을까? 화두를 접하여 항상 그 하나의 질문에 집중하게 되면 일거수 일투족 생활 전체가 커다란 의문이 된다. 소태산은 뭘 알고나 하는 말인지 모르겠다 하였지만, 최도화는 항상 그러한 커다란 의문을 품고 있었다 할 것이며, 그로 인해 바로 대답을 할 수 있었던 것 아니었을까?

최도화와 소태산의 만남 이후부터 진안, 서울, 남원, 전주, 임실의 교화가 최도화로 인하여 전개되기 시작하였다.

용화회상을 향하여

정산은 삼타원 최도화를 "전북회상과 서울회상의 총 연원"이라 일컬었다. 박사시화를 전주에서 만나 소태산을 알렸고, 이후 소태산이 상경할 때 안내하여 박사시화, 이동진화 등의 인연들을 귀의하도록 하였다. 이를 통해 서울과 남원의 교화가 발전하였다. 그리고 진안, 관촌, 전주는 각각 전삼삼, 김만공월, 이청춘으로 인해 교화되었는데, 모두 최도화를 연원으로 한다. 교단 초반기에 있어 최도화는 크나큰 역할을 수행했던 것이다. 이후 외동아들 조갑종을 전무출신시켰으며,

십타원(十陀圓) 양하운 대사모를 모시기도 하였다. 최도화는 1954년 72세로 열반하였는데, 교단 제1대의 36년 동안 무려 319명을 귀의시켜 원불교의 정립에 큰 공을 세웠다.

소태산이 "전주는 돌아보지 말라."고 명하여 정산과 만덕산 미륵사 주지가 만나게 되고, 이 인연이 최도화와의 만남으로까지 이어졌다. 최도화가 이끈 이들로 인하여 전주와 서울 등의 포교가 이루어질 수 있었으며, 한편으로 노덕송옥을 인도함으로써 3대 종법사 대산을 원불교로 이끌어올 수 있었다. 하나의 인연이 얼마나 크게 작용할 수 있는지를 보여주는, 참으로 지중한 인연이 아닐 수 없다.

최도화는 부안 변산과 진안 만덕산을 만났고, 그리고 그곳에서 세 명의 큰 산, 곧 소태산, 정산, 대산을 만날 수 있었다. 그리고 이 만남을 통해 자신 또한 산이 되었다. 최도화가 받은 법호는 삼타원인데, 타원이란 말 역시 산을 뜻한다.

최도화가 쓰라리고 힘든 운명에서도 꿈꾸었던 세상은 용화세계(龍華世界), 용화회상(龍華會上)이라 할 수 있다. 용화회상이란 곧 미륵불이 세상에 나와 수많은 중생을 제도하는 커다란 법회, 모임을 말한다. 미륵불은 석가모니가 입멸한 뒤 56억 7천만 년 뒤에 온다고 하는 부처인데, 미륵불이 와서 세울 회상은 지금 이곳을 사는 사람들에게 무척이나 멀게 느껴지는 세상이다. 최도화는 다음과 같이 소태산에게 물어 대답을 얻은 바 있다.

> 최도화(崔道華) 여쭙기를, "이 세상에 미륵불(彌勒佛)의 출세와 용화회상(龍華會上)의 건설을 목마르게 기다리는 사람이 많사오니, 미륵불은 어떠한 부처님이시며 용화회상은 어떠한 회상이오니까." 대종

사 말씀하시기를, "미륵불이라 함은 법신불의 진리가 크게 들어나는 것이요, 용화회상이라 함은 크게 밝은 세상이 되는 것이니, 곧 처처불상(處處佛像) 사사불공(事事佛供)의 대의가 널리 행하여지는 것이니라." (『대종경』 제14전망품 16장)

최도화는 이 세상에 미륵불의 출세와 용화회상의 건설을 기다리는 사람이 많다 하였는데, 최도화 역시 그 목마르게 기다리는 사람 중 하나일 것은 당연하다. 이러한 기다림으로 인해 그는 『소대성전』을 읽으며 도사와의 만남을 꿈꿨고, 출가하여 절에서 수행하기도 하였으며, 증산의 가르침에도 몸을 담았고, 산제당에서 산중기도를 올리기도 하였다.[10] 그토록 타오르던 갈급함은 결국 정산, 그리고 소태산을 만나서야 비로소 해소될 수 있었다. 이에 최도화는 정산과 소태산을 생불로 모셨고, 원불교의 새로운 회상을 열어가는 크나큰 원동력이 될 수 있었다.

최도화는 일제 강점기의 참담한 시국과 자신의 기구한 인생사에도 굴하지 않고 소태산과 정산을 지극히 모시며 대산을 비롯한 많은 인연들을 원불교로 이끌었다. 그리고 이 가운데 만덕산이 중요한 자리를 차지하고 있다. 이에 최도화와 관련하여 만덕산 초선터에 최도화와 관련한 작은 기념비를 세우면 어떨까 한다. 최도화에게서 알 수 있듯 원불교에 있어 여성이 공헌한 바가 무척이나 큰데,[11] 그 의미도 함께 되새길 수 있을 것이다.

주

1 당시의 선진구인들은 모두 '산(山)'이 들어간 법호를 받았는데 다 남성이었다. 이후 여성 제자들이 들어오며 이들에게 '타원(陀圓)'이 들어간 법호를 내리는데, 박용덕 교무는 "타의 자의(字意)는 해중산(普蔰海中山), 즉 바다 가운데 평퍼짐한 섬을 의미한다. 남자들의 법호 '山'이 올연히 솟은 것에 대하여 여성 제자의 '타원'은 밋밋하게 언덕처럼 원만한 산"이라 하였다. 곧 '타원'이라는 용어도 '산'과 통하는 말이 된다. 박용덕, 『원불교 초기교단사』 2, 원불교출판사, 1999-2003, 48쪽.

2 박용덕 교무는 "최도화는 그 화려한 순교활동에 상당하는 교단적인 대우나 평가를 받지 못하였으며, 개인적으로도 평탄하고 안존한 인생을 보내지 못하였다."라고 평하였다. 박용덕, 『구수산 칠산바다』, 원불교출판사, 2003, 90쪽.

3 정산과 최도화와의 만남이 소태산의 계획이라는 관념은 다음의 교사 서술에서도 잘 드러난다. "대종사, 입산 후 수년을 경과하여, 장차 정식 회상 열 만한 기연이 성숙함을 보시고 하산의 시기를 기다리시었다. 원기 7년(1922 · 壬戌) 9월에는 송규를 진안(鎭安) 지방에 보내시어 만덕산(萬德山) 미륵사(彌勒寺)에서 최도화(崔道華)를 만나게 하시고…." 『원불교교사』, 제1편 제5장 4. 창립인연들의 결속.

4 대산 종사 말씀하시기를, "대종사와 정산 종사께서 변산에만 머물지 않고 만덕산으로 오신 일이나, 만덕산으로 오실 때 가까운 오도재를 넘지 않고 먼 좌포로 길을 돌아서 오신 것이 바로 나를 찾으시려는 뜻이었음을 알고 더욱 한량없는 은혜를 느꼈느니라." 『대산종사법어』 제1 신심편 제12장.

5 박용덕, 『구수산 칠산바다』, 62쪽 각주 6 참조. 최도화 친정집 종손인 최근호가 그의 증대고모 최도화의 생애와 업적을 전하기 위해 자료를 수집하여 쓴 『삼타원 최도화 대호법』에도 본명은 인경이라 되어 있다. 최근호, 『(교화대선진) 삼타원 최도화 대호법』, 북매니저, 2016, 22쪽.

6 월간 원광 편집실, 『진리는 하나 세계도 하나』, 월간원광사, 1992, 392쪽.

7 승산 종사에 대해 더 알고 싶다면 『백년의 유산 소태산 11제자의 증언』에 나오는 박맹수 총장과 승산 종사와의 대담 참조.

8 『부설전』에 근거하여 간추렸다. 『부설전』에는 없으나 구전으로 그 후속 이야기가 전해지기도 한다.

9 이일영 편, 『진묵대사소전』, 보림사, 1983, 51-52쪽.

10 최도화와 산제당에 대해서 최정균(최도화의 동생 보경의 장남)의 회상이 흥미롭다. 아래에 인용해 본다.

> 좌포 김창봄(김승지의 아들)의 소유인 와가 산제당에서 오른쪽 20m쯤 길 위에 따로 이모의 산제당이 있었다. 동향으로 위치한 이 초가 산제당을 지을 때, 산 아래서 애써 흙을 지게로 져 지었다 한다. 산중 흙이 부엽토인 데다 사토(砂土)라서 엉겨붙지 않아 벽을 바르는 데 마땅치가 않았다. 정균이 이모에게 물었다. "이모, 무서워서 여기 어떻게 혼자 살아요?" 조카의 질문에 도화는 "산중에 호랑이가 계셔 그걸 달래려고 산제당을 지었다."라고 설명하였다. "미신이 아녀, 이모?" "이렇게 안 하면 사람을 해쳐. 산신령을 달래려고 공을 들이는 거다." 이 말을 듣고 사람들을 위해 좋은 일을 하는 이모가 이해되었다.(박용덕, 『구수산 칠산바다』, 63-64쪽)

11 이러한 점을 밝히는 활동의 일환으로, 2017년에 '개벽시대를 연 원불교 여성 10대 제자'를 주제로 한 제37회 원불교사상연구 학술대회가 열린 바 있다. 삼타원 최도화를 비롯한 여성 10대 제자들의 생애와 활동을 재조명하는 발표를 통해 원불교가 여성인식에 대해 여타 종교에 비해 앞섰지만, 여전히 남녀권리 동일이라는 목표를 이루기 위해 더 노력해야 한다는 점이 지적되었다.

참고문헌

『대산종사법어』

『대종경』

『대종경선외록』

『원불교교사』

『정산종사법어』

김성혜 편, 『일과 공부가 따로 있지 않다』, 원불교출판사, 2014.

만덕산훈련원, 『만덕산 초선성지 88년』, 만덕산훈련원, 2009.

박맹수 등, 『백년의 유산 소태산 11제자의 증언』, 모시는사람들, 2017.

박성은, 「새 회상 불연을 모은 여결이 되시다」, 『2017 원불교사상연구원 학술대회 자료집』, 2017.

박수회(용덕), 「鎭安 萬德山의 敎團史的 位置」, 『원불교사상과종교문화』 25, 원광대학교 원불교사상연구원, 2001.

박용덕, 『관촌교당 반백년사』, 원광사, 1992.

______, 『구수산 칠산바다』, 원불교출판사, 2003.

______, 『원불교 초기교단사』 1-5, 원불교출판사, 1999-2003[1, 2권 수정재판].

박정훈, 『정산종사전』, 원불교출판사, 2002.

서문성, 『대종사님을 찾아 떠나는 성지여행』, 도서출판 삼동윤리, 1996

______, 『원불교 성지』, 원불교출판사, 1999.

______, 『십이인연의 꽃자리, 만덕』, 원불교출판사, 2011.

______, 『대산 김대거 종사』, 원불교출판사, 2013.

석도현, 『부설전』, 월명암, 1996.

손정윤, 『청풍월상시에 만상자연명이라』, 원불교출판사, 1984.

월간 원광 편집실, 『진리는 하나 세계도 하나』, 월간원광사, 1992.

이일영 편, 『진묵대사소전』, 보림사, 1983.

이정재, 「초선지 만덕산 산제당의 민속학적 고찰」, 『원불교사상과종교문화』 45, 원광대학교 원불교사상연구원, 2010.

이혜화, 『소태산 평전』, 북바이북, 2018.

정산 송규 지음, 김선명 교무 해설, 『소태산과 불법연구회창건사』, 자주달개비, 2018.

최근호, 『(교화대선진) 삼타원 최도화 대호법』, 북매니저, 2016.

순교의 땅에 세운 신앙 공동체

전라북도 지역 천주교회의 어제와 오늘

*
*
*

조원형

한국 천주교 최초의 순교지 전동성당

전주 한옥마을 들머리에는 시민들과 관광객들을 반기는 고풍스러운 서양식 건축물 한 채가 높이 솟아 있다. 바로 전동성당이다. 한국에서 가장 오래된 로마네스크 양식 성당이기도 한 전동성당은 1914년에 준공되었다. 그 주변에 한옥들이 본격적으로 들어선 것은 아무리 거슬러 올라가더라도 1930년대[1]부터이니, 서양식 성당이 한옥마을보다도 더 먼저 생긴 셈이다.

[사진 1] 전동성당 (조원형 촬영)

그런데 전동성당이 자리를

잡은 곳은 단지 한옥마을 들머리이기만 한 것이 아니라 전주성의 남문인 풍남문 바로 옆이기도 하다. 그리고 성당 맞은편에는 역대 조선 임금들의 어진을 모신 경기전과 전주 사고(史庫)가 있다. 이곳은 한옥마을이 생기기 전부터 전주의 역사, 나아가 조선의 역사를 고스란히 간직해 온 땅이라는 뜻이다.

그렇다면 어떻게 해서 이곳에 모든 전통 건축물들의 높이를 압도하는 첨탑과 십자가가 세워지게 된 것일까.

그 답은 바로 이곳이 한국 천주교 사상 최초의 순교지였다는 사실에서 찾을 수 있다. 세계에서 유일하게 선교사 없이 자발적으로 신앙을 받아들인 신자들에 의해 1784년에 공식적으로 창립된 한국(당시 조선) 천주교회[2]는 당시의 주류 사상이었던 성리학과 사뭇 다른 교리를 내세웠던 까닭에 창립 직후부터 백여 년 동안 나라 안에서 박해를 받았다. 특히 부모의 제사를 지내지 않는 것은 당시 조선 사회에서 용납하기 어려운 일이었고, 이는 천주교가 박해를 받는 결정적인 계기가 되었다.

조선 최초의 천주교 박해 사건은 1791년에 일어났다. 육십갑자를 따서 '신해박해'라고도 하고 전라도 진산군(현재 충청남도 금산군 진산면, 복수면, 추부면 일대)에서 일어난 일이라고 해서 '진산 사건'이라고도 하는 이 박해 사건 또한 천주교 신자들이 유교식 조상 제사를 거부하고 부모의 신주를 불태운 데서 시작되었다.

사실 천주교에서 처음부터 조상 제사를 금지한 것은 아니었다. 중국에 천주교를 전파한 예수회[3] 신부들은 당초 이른바 적응주의 선교를 내세우면서 유교식 제사 문화를 용인했으나, 1715년 교황 클레멘스 11세가 공자나 부모 등에게 제사를 지내는 행위를 금지한 뒤부터는 천주교 신자들이 더 이상 유교식 제사를 지낼 수 없게 되었다. 조선의 천주교 신자들 또한 1790년 베이징의 구베아 주교가 클레멘스 11세의 회칙(回勅)[4]에 근거해서 제사 금지령을 내린 후 신앙을 받아들이는 한 제사를 지내지 않겠다는 결단을 내릴 수밖에 없었을 것이다.

진산 사건 또한 이러한 배경 속에서 일어났다. 다산 정약용의 친척으로서 1787년 이승훈 베드로에게 세례를 받은[5] 진산 사람 윤지충 바오로(1759~1791)는 1791년 모친이 사망하자 모친의 신주는 물론 조상의 위패까지 함께 불태웠다. 그리고 그의 외사촌이었던 권상연 야고보(1751~1791) 역시 같은 해에 모친상을 당하고 나서 유교식 제사를 지내지 않았다. 성리학적 사고로는 용납할 수 없었던 이 사건은 곧 진산 군수에게 발각되었고, 신앙을 버리고 제사를 지내라는 군수의 회유를 거부한 두 사람은 결국 전라 감영이 있던 전주로 끌려가게 되었다. 전주에서도 "천주를 큰 부모로 삼았으니, 천주의 명을 따르지 않는다면 이는 결코 그분을 흠숭하는 뜻이 될 수 없습니다."[6]라고 진술하면서 천주교 신앙을 증거한 윤지충 바오로와 권상연 야고보는 끝내 사형 선고를 받고 전주 풍남문 밖에서 참수형으로 생을 마감했다. 당시 이들에게 최종적으로 사형 판결을 내린 사람은 다름아닌 정조 임금이었다. 전라 감사가 이 사건을 조정에 보고했고 조정에서 사형을 윤허한 것이다.

그때 이 두 사람이 참수형을 당한 곳이 바로 지금의 전동성당 자리이다. 조선 천주교회 사상 첫 순교자가 피를 흘린 땅 위에 후대 사람들이 성당을 세운 것이다. 즉 전라북도 전주시 완산구 태조로 51 전동성당은 한국 천주교 최초의 순교 성지로서 그 역사적·종교적 가치가 남다른 곳이다.

전라북도에는 이 밖에도 숲정이 성지(전주시), 치명자산 성지(전주시), 초남이 성지(완주군), 천호 성지(완주군) 등 천주교 순교 성지가 몇 군데 더 있다. 모진 박해 속에서도 천주교 신앙을 지켰던 사람들이 전라북도에 많이 살았던 것이다.

순교의 땅 전라북도

전주 진북초등학교 옆에는 '숲정이'라고 불리는 조그마한 땅이 있다. 현재 전주 가톨릭 신학원으로 활용하고 있는 이 땅은 조선 시대에 군사훈련장이자 사형장으로 쓰였던 곳이다. 바로 이곳에서 19세기 내내 수많은 천주교 신자들이 순교했다. 전라북도 전 지역을 관할하는 천주교 전주교구의 주보 이름이 『숲정이』인 것도 여기에서 유래한다.[7]

이곳에서 순교한 수많은 신자들 가운데 특히 주목해야 할 한 가족이 있다. 전주 초남이(현재 전라북도 완주군 이서면) 출신의 유항검 아우구스티노(1754~1801)와 그 아들 유중철 요한(1779~1801), 며느리 이순이 루갈다(1782~1802)가 그 주인공이다.

1784년에 이승훈 베드로에게서 세례를 받고 전라도 지역 최초의 천주교 신자가 된 유항검 아우구스티노는 본래 양반 가문 출신이었으나, 천주교 신앙을 받아들이고 나서는 빈부귀천을 따지지 않고 모든 사람들을 평등하게 대했다고 전해진다. 그리고 전라도 지역의 신자들이 모인 자리에서 한동안 미사를 집전하는 사제 역할을 대신하기도 했다.[8] 하지만 평신도가 미사를 집전하면 안 된다는 것을 알고 나서부터는 그 일을 중단하고 대신 중국 천주교회에 사제 파견을 요청했다.[9] 그 결과 1794년 말 중국 사람인 주문모 야고보 신부(1752~1801)가 조선에 입국하게 되었다. 그리고 유항검 아우구스티노는 주문모 신부의 활동을 돕는 일에 힘썼다.

그러던 중 1800년 정조가 세상을 떠나고 순조가 즉위했다. 그리고 그 이듬해인 1801년 신유년에 대대적인 천주교 박해가 일어났다. 1791년 신해박해, 즉 진산 사건은 최초의 박해 사건이기는 하나 윤지충과 권상연 두 사람이 순교하는 데 그친 반면, 신유박해 때 순교한 신자들은 약 300명에 이른다. 주문모 신부와 유항검 아우구스티노 역시 이때 순교했다.

한편 유항검 아우구스티노의 아들 중에는 1779년에 태어난 중철이라는 사람이 있었다. 그 역시 '요한'이라는 이름으로 세례를 받은 신자였다. 유중철 요한은 1795년에 주문모 신부를 만난 자리에서 평생 동정을 지키겠다고 선언했다. 그리고 2년 후 역시 평생 동정을 지키겠다고 선언한 한양 여자 이순이 루갈다를 주문모 신부의 주선으로 만나게 되었다. 조선 사회에서는 남자든 여자든 나이가 어느 정도 차면 대를 잇기 위해서라도 혼인을 해야 했기에, 수도자들처럼 평생 동정을 지키면서 사는 것은 불가의 비구승이 되거나 요절하지 않는 한 불가능에 가까운 일이었다. 이러한 상황에서 주문모 신부가 묘안을 짜낸 것이었다. 유중철과 이순이를 형식적으로 부부로 만들어 놓으면 둘이 함께 동정을 지킬 것이라는 생각에서 나온 묘안이었다. 그 결과 세계 역사상 유례를 찾기 힘든 동정 부부가 탄생하게 되었다.

유중철 요한과 이순이 루갈다 부부는 남들이 보는 앞에서 백년가약을 맺었으나 결코 몸을 섞는 일이 없었다. 혈기 왕성한 20대 남녀가 한 방에 함께 기거하면서도 서로의 몸을 탐하지 않은 것이다. 둘이 서로 사랑하지 않아서가 아니었다. 두 사람은 오히려 같은 신앙을 함께 지키며 그 누구보다도 서로 사랑했다. 하지만 서로를 진심으로 사랑했기에 천주(하느님)에게, 그리고 상대방에게 약속한 동정을 지키고자 끝까지 노력했던 것이다.[10]

이 동정 부부 역시 1801년 신유박해 때 체포되어 유중철 요한은 바로 그해에, 이순이 루갈다는 이듬해인 1802년에 각각 전주에서 순교했다. 현재 완주군 이서면에는 초남이 성지가, 전주 시내 남쪽 승암산(치명자산)에는 치명자산 성지가 조성되어 있는데, 각각 이 동정 부부가 살았던 곳과 안장된 곳에 해당한다.

그러나 이토록 가혹한 박해에도 불구하고 조선 땅에서는 천주교가 점점 더 널리 퍼져 나갔다. 그 원동력은 과연 무엇이었을까.

박해 시대 천주교 전파의 원동력

조선 천주교회는 처음에 주로 실학을 접한 양반층과 중인층을 대상으로 전파되었다. 그런데 천주교에 대한 대규모 박해가 시작된 19세기 이후 오히려 더 많은 사람들이 천주교를 믿게 되었다. 1801년 신유박해 때 순교한 사람들은 300명 남짓에 불과한 반면 1866년부터 일어난 병인박해 때는 수천 명이 순교한 것만 보더라도 그 사이에 천주교 신자가 얼마나 많이 늘어났는가를 확인할 수 있다. 당시 신자들이 모두 순교한 것은 아니니 신자 수는 순교자 수보다 더 많았을 것이다.

천주교 신앙이 민간에 널리 퍼져 나갈 수 있었던 데는 여러 가지

요인이 있었다. 우선 교리 자체가 많은 사람들에게 설득력을 얻을 수 있었다. 천주교 신자는 우상숭배를 금하라는 계명 때문에 유교식 제사를 지내지 않았을 뿐 충(忠)과 효(孝) 등 유교 윤리는 천주교 윤리와도 일맥상통했고,[11] 그 때문에 중국에서도 조선에서도 천주교 신앙은 '보유론(補儒論)'으로 인식되었다. 이는 문자 그대로 유교 윤리를 보완해서 완성하는 것이 천주교라는 발상이었다.

그리고 천주교는 무엇보다 신분을 뛰어넘은 평등을 추구했다. 한국문학 연구자 정민 교수의 표현을 빌리면 천주교 공동체는 "양반과 상놈의 구분이 없고 남녀를 차별하지 않는, 이제껏 들어 본 적이 없던 공동체"이자 "믿기만 하면 노비 문서도 불태우고 가난한 이에게는 옷과 양식도 아낌없이 나눠 주는 공동체"였다.[12] 이는 조선의 지배 계층이 천주교를 박해하는 구실 가운데 하나가 되기도 했지만, 민중에게는 해방의 복음 그 자체였을 것이다.

천주교 신자들은 교우촌(交友村)을 이루어 평등 사상을 실천해 나갔다. 19세기 초부터 강원도 남부 등지를 필두로 전국 여러 지역에 교우촌이 생겨났으며, 전라북도에도 1839년 기해박해 무렵 완주군 비봉면(현재의 천호 성지) 등에 교우촌이 형성되었다. 교우촌이 형성된 곳들은 대체로 신자들이 관리들과 박해자들의 눈을 피해 숨어든 첩첩산중의 척박한 땅이었지만,[13] 그럼에도 불구하고 많은 신자들이 교우촌을 이루고 살 수 있었던 것은 그 안에서 평등을 실천하면서 서로 함께 땅을 일군 덕택이다. 교우촌에서는 농사도 지었지만 옹기를 만들어 생계를 유지하기도 했는데, 한국 최초의 추기경인 김수환 스테파노 추기경(1922~2009)이 '옹기'라는 아호를 썼던 것도 여기에서 비롯된 것으로 알려져 있다.

그뿐만 아니라 천주교는 “유사 이래 처음으로 한글로 기록된 한국어 문헌을 통해 전파된 종교”[14]이기도 했다. 이미 신유박해 시기인 1801년까지 “83종 111권이나 되는 한문 천주교 서적이 한국어로 번역되었다.”[15] 그리고 다산 정약용 요한(1762~1836)의 형이기도 한 정약종 아우구스티노(1760~1801)는 한국어로 천주교 교리서 『주교요지(主敎要旨)』를 저술했다. 한글로 기록한 한국어 교리서들이 있으니 한자와 한문을 모르는 사람들도 한글만 읽을 줄 안다면 교리서를 읽고 천주교에 눈을 뜰 수 있었다. 이는 천주교 특유의 평등 사상과 더불어 천주교가 조선 사회 방방곡곡에 퍼져 나가는 데 밑바탕이 되어 주었다.

글로 쓴 교리서뿐만 아니라 천주가사(天主歌辭) 또한 조선의 천주교 신자들에게 교리를 가르치는 교재로 활용되었다. 천주교 교리를 한국 문학 특유의 시가(詩歌) 양식 가운데 하나인 가사의 형식으로 읊은 것을 천주가사라고 한다. 천주가사는 글 대신 말로 읊고 외던 시가였으니, 양반과 식자층에서부터 글을 아예 몰라서 교리서조차 읽지 못하는 사람들에 이르기까지 누구에게나 전파될 수 있었다. 하지만 구전으로만 전해지다가 후대에 와서야 필사본이 생겨나기 시작한 까닭에 각각의 천주가사 작품들을 누가 지었는지는 알기 어려운 경우가 많다. 가장 널리 알려진 〈사향가(思鄕歌)〉만 하더라도 최양업 토마스 신부(1821~1861)[16]가 저술했다는 설이 있으나 아직 확증된 바가 없다.

이 〈사향가〉에 대해서는 설명이 조금 더 필요하다. 이 작품은 여러 천주가사들 가운데 가장 대표적인 작품으로서 천주교 교리, 특히 윤리 도덕과 관련된 교리의 핵심 내용을 종합적으로 설명하는 동시에 천주교를 박해하는 사람들의 주장과 위선적 태도를 논파하는 내용을 담고 있다.

〈사향가〉에서 특히 강조하는 윤리 도덕은 칠죄종(七罪宗), 즉 교만, 질투, 인색함, 분노, 탐도(貪饕), 음욕, 게으름과 이를 극복하는 방편인 칠극(七克), 즉 겸양, 인애(仁愛), 자선, 인내, 절제, 정결, 근면이다.[17] 이는 예수회 선교사 판토하 신부(1571~1618)가 1614년에 중국에서 저술한 『칠극』의 영향을 받은 것으로 보인다. 『칠극』은 일종의 수신(修身) 지침서로 조선 사회에서도 널리 읽히던 천주교 교리서 가운데 하나이다. 당시 조선 사람들은 천주교를 받아들인다 하더라도 수신을 강조했던 조선 사회 유교 문화의 전통에서 완전히 벗어날 수는 없었기 때문에 천주교 교리 역시 수신을 위한 방편으로서 공부했고, 그 흔적이 천주가사에도 남은 것이다.

〈사향가〉 저자는 이러한 윤리 도덕적 정당성을 바탕으로 위선적인 천주교 반대자들을 논박하며, 나아가 천주의 존재를 부인하는 이들을 비판하는 데까지 이른다. 그리고 그들이 자신의 문제점과 모순점을 극복할 수 있는 방안은 곧 천주교를 받아들이고 믿는 것이라는 논지를 펼친다. 이를 조금 더 구체적으로 살펴보면, 〈사향가〉에서는 부모 생시에 효도를 하지 않고 제사만 잘 지내려고 하는 사람들을 비판하면서, 천주교 신자들은 부모가 살아 있을 때 효도에 힘쓴다는 점을 강조한다. 이러한 논리는 성리학에 도통한 양반 계층에게도 설득력을 얻을 수 있었을 것이다. 오늘날까지 전해지는 〈사향가〉의 여러 이본(異本)

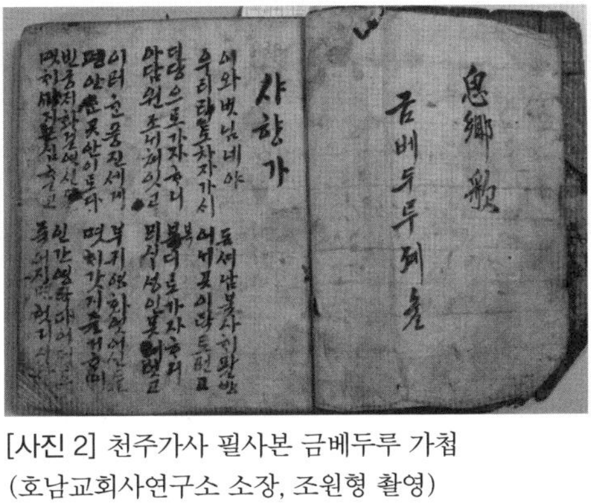

[사진 2] 천주가사 필사본 금베두루 가첩
(호남교회사연구소 소장, 조원형 촬영)

들 가운데 일부에 얼음 구멍에서 어머니에게 봉양할 잉어를 낚았다는 왕상(王祥)의 고사, 눈 속에서 어머니의 병을 낫게 할 죽순을 캐냈다는 맹종(孟宗)의 고사 등이 첨가된 것도 천주가사가 양반 계층에게까지 전파되었으리라는 점을 시사한다.[18] 〈사향가〉에서는 또한 천주의 존재를 부인하는 사람들을 '우물 밑의 개구리'로 묘사하면서 그들이 아직 모르는 천주의 은덕, 즉 세상을 창조하고 구원한 은덕에 보답하기 위해서는 교만과 탐욕을 멀리하고 천주교에서 명하는 대로 몸과 마음을 갈고 닦아야 한다고 설파한다.[19]

천주가사에는 〈사향가〉 이외에도 〈피악수선가(避惡修善歌)〉, 〈충효가(忠孝歌)〉 등 여러 작품들이 있다. 가사 문학의 형식을 빌려 종교적 진리를 설파하는 천주가사는 박해 시대 신자들을 위한 훌륭한 교리서이자 박해자들을 효과적으로 논박하는 지침서였기 때문에 많은 신자들에게 알려졌고 널리 구전되었다. 그런 만큼 다양한 이본(異本)이 생겨나기도 했다. 그러다가 박해가 중단되고 천주교 신앙을 자유롭게 가질 수 있게 된 이후부터 20세기 중반에 이르기까지 전국 곳곳에서 천주가사 필사본이 등장했다. 이 필사본은 책자, 즉 가첩(歌帖)의 형태로 오늘날까지 전해지는 경우가 많은데, 전라북도에서 발견되었거나 현재 천주교 전주교구 소속 호남교회사연구소에서 소장하고 있는 것들도 여러 편이 있다. 그중에서 특히 유명한 것들을 몇 가지만 짚어보면 다음과 같다.

(1) 금베두루 가첩

〈사향가〉와 〈보세만민가(保世萬民歌)〉가 수록된 가첩이다. 책 표지에 '정유납월(丁酉臘月)'이라는 말이 적혀 있어 1897년 겨울에 필사된 것으로 보인다.[20] 이 가첩에 수록된 〈사향가〉 필사본은 내용이 다른 필사본들에 비해 충실하면서도 왕상과 맹종의 고사 등 후대에 첨가된 내용은 담겨 있지 않아, 현재까지 알려진 여러 이본들 중 최초 저작본에 가장 가까울 것으로 여겨진다.

(2) 김지완 가첩

'천주 강생 1917년 다이쇼[大正] 6년 정사년(丁巳年) 양력 8월 4일, 음력 6월 17일'이라는 날짜와 '전주군 전주면 대화정(大和町)[21] 205번지'라는 주소, 그리고 책 소유자가 '김 아오스딩 지완(址完)'이라는 사실이 표지에 적혀 있다. 즉 일제 강점기에 필사된 가첩이다. 여기에는 〈선종가(善終歌)〉, 〈사심판(私審判)〉, 〈공심판(共審判)〉 등 천주교 교리를 외기 쉽게 풀이한 가사들과 〈사향가〉, 〈피악수선가〉 등이 수록되어 있다.

(3) 유요왕 가첩

전라북도 익산시에서 발굴되었다.[22] "신묘 正月 三十日 유요왕은 근셔ᄒᆞ노라"라는 말이 책 말미에 적혀 있으므로 1891년에 필사되었음을 확인할 수 있다. 〈사향가〉만을 필사해 놓았는데 표지에는 'ᄉᆞ양가'라고, 본문 맨 앞에는 '사양가'라고 한글로 표기되어 있다.[23]

오늘날의 한국 천주교회와 전주교구

박해 시기와 일제 강점기를 거치며 인고의 세월을 보낸 한국 천주교회는 광복 이후 비약적으로 발전했다. 2020년 현재 한반도에는 19개 교구가 설정되어 있으며,[24] 전국 각지에 천주교 성당이 세워져 있다. 이 가운데 전라북도 전 지역은 전주교구가 관할하고 있다.[25]

한국 천주교회는 현대사에서 특히 민주화에 지대한 공헌을 했다. 독재 정권에 맞서 싸우며 민주주의를 지켜 낸 사람들 곁에는 항상 천주교 사제들과 수도자들이 함께했으며, 원주교구 지학순 다니엘 주교(1921~1993)를 비롯한 여러 사제들은 천주교정의구현전국사제단을 결성하여 민주화 운동에 직접 앞장서기도 했다. 전주교구에서도 문정현 바르톨로메오 신부(1940년생), 문규현 바오로 신부(1949년생) 등이 민주화 운동과 생명 평화 운동의 선봉에 서 왔으며, 벨기에 태생의 전주교구 지정환 디디에 신부(1931~2019)[26]는 전라북도 임실군에 대한민국 최초로 치즈 공장을 만들어 지역 사회 경제 발전에 이바지했다. 지정환 신부 역시 1970년대 민주화 운동을 주도한 인사 가운데 한 사람이기도 하다.

1937년 전주감목대리구로 설정되어 1962년 3월 10일 교구로 승격된 천주교 전주교구에서는 2020년 현재 96개 본당과 25개 공소에서 주교 2명, 몬시뇰(Monsignor)[27] 1명, 신부 180명이 사목 활동을 하고 있다. 그리고 현재 살아 있는 원로 사목자는 39명이며, 전주교구 소속으로 활동하다가 선종한 사제는 모두 51명이다. 한국 천주교 최초의 사제인 김대건 안드레아 신부(1821~1846)가 사제 서품을 받은 뒤 귀국할 때 처음으로 상륙한 땅이 다름아닌 전라북도 익산시 나바위

나루터였는데,[28] 바로 그곳을 품은 땅에서 지금도 김대건 신부의 후배들이 끊임없이 신앙을 증거하며 복음을 전파하고 있는 것이다.

한국 천주교회는 주지하다시피 평신도가 세운 교회이고, 지금도 각계각층에서 활동하는 평신도들이 교회의 주축을 담당하고 있다. 전주교구, 즉 전라북도 지역 또한 예외가 아니다. 예컨대 교육 분야만 살펴보더라도 전주 해성중고등학교와 성심여자중고등학교 등 전주교구에서 설립한 학교에서 평신도 교사들이 성직자들과 협력하면서 학생들을 길러 내고 있으며, 전라북도 내 여러 대학에서 가톨릭 학생회가 활동하고 있다.

교황 베네딕토 16세는 2008년에 한국 천주교회를 "젊고 생기 있는 교회(young living church)"라고 일컬은 바 있다.[29] 교황의 말은 물론 한국 천주교회 전체를 통틀어 평가한 것이지만, 이러한 평가를 받는 데 전라북도의 신자들 또한 역사적으로 큰 기여를 했다는 사실을 잊어서는 안 될 것이다. 천주교 신자들이 오랜 옛날부터 순교까지 마다하지 않으면서 신앙을 지키지 않았더라면 오늘날 이러한 말을 들을 수는 없었을 것이기 때문이다. 그리고 그 순교의 역사는 바로 전라북도에서 시작되었다. 전라북도의 천주교회가 이 "젊고 생기 있는 교회"의 역사를 앞으로도 변함없이 정의롭고 슬기롭게 이어 나가기를 기대한다.

주

1 일제 강점기였던 1930년대에 전주 토박이 주민들이 옛 전주부성 터를 차지한 일본인들에게 맞서 풍남문 동쪽에 한옥을 짓고 살기 시작한 것이 오늘날 우리가 볼 수 있는 한옥마을의 시초이다.

2 이승훈 베드로가 1784년 베이징에 가서 세례를 받고 귀국함으로써 조선 땅에 천주교회가 공식적으로 창립되었다.

3 천주교 수도회 가운데 하나로 1534년에 이냐시오 데 로욜라가 창설했다.

4 '회칙'은 교황이 가톨릭 교회 전체와 관련된 문제에 대해 전 세계의 주교들에게 보내는 칙서를 일컫는 천주교 용어이다.

5 세례성사는 사제가 집전하는 것이 원칙이나, 부득이한 경우 사제가 아닌 평신도가 대세(代洗)라는 형식으로 다른 사람에게 세례를 베풀 수 있다. 1787년 당시 조선에는 사제가 아예 없었기 때문에 평신도가 대세를 베풀 수밖에 없었다.

6 차기진,「윤지충 바오로와 권상연 야고보」,『평화신문』제681호, 2002년 6월 23일.

7 한국 천주교회의 교구별 주보 제호는 보통『○○주보』또는『가톨릭○○』등으로 되어 있지만, 원주교구와 전주교구 주보는 제호를 따로 정했다. 전주교구 주보 이름은 이 글에서 언급한 대로『숲정이』이며, 원주교구에서는『들빛』이라는 제호를 발행하고 있다.『들빛』은 초대 원주교구장 지학순 주교의 사목표어 "빛이 되라"에서 유래한 제호로서 강원도의 들녘에 빛이 되라는 뜻을 담고 있다.

8 이를 '가성직(假聖職)' 제도라고 부른다. 본래 천주교 교리에 어긋나는 행위이지만, 사제가 없어서 미사를 드릴 수 없었던 조선 천주교회의 현실을 보여주는 역사적 사건으로 이해할 수 있다.

9 물론 조선의 천주교 신자가 중국 천주교회와 소통하는 것 자체가 당시에는 실정법을 위반하는 일이었고, 이 또한 결국 박해의 빌미가 되기도 했다.

10 이 동정 부부에 관한 이야기는 이순이가 손수 남긴 편지를 통해 오늘날까지 전해지고 있다. 김진소 편저, 양희찬·변주승 공역,『이순이 루갈다 옥중편지』, 디자인흐름, 2010.

11 도덕이나 윤리 면에서 천주교가 유교와 다른 점을 찾자면 천주교에서는 국가와 임금에 대한 충성 이전에 '한 분이신 하느님을 흠숭하는' 것을 앞세웠다는 점을 들 수 있을 것이다. 물론 성리학만을 고수하던 사람들은 이 또한 임금에게 불충한 것으로 여겼으며, 그 이전에 천주(하느님)의 존재 자체를 부정했다.

12 정민, 「정민 교수의 한국 교회사 숨은 이야기: 26. 양말론과 빈병론」, 『가톨릭평화신문』 제1588호(2020. 11. 15.), 2020.

13 서종태, 한국민족문화대백과사전 표제어 「교우촌」, 2015.

14 조원형, 「초창기 한국 천주교회와 한글, 한국어」, 『경향잡지』 제1819호, 2019, 41쪽.

15 최용택, 「박해시대 천주교 전파에 공헌한 '한글 교리서'」, 『가톨릭신문』 제3014호, 2016, 12쪽.

16 김대건 신부에 이어 조선인으로서는 두 번째로 가톨릭 사제 서품을 받은 신부로서, 1849년 중국 상하이에서 사제 서품을 받고 그 이듬해에 귀국해 전국 곳곳을 다니면서 활동하다가 1961년에 병을 얻어 선종했다.

17 『사향가』에서는 이 가운데 자선, 절제, 근면을 각각 시사(施舍), 담박(淡朴), 흔근(忻勤)이라는 용어로 표현했다.

18 조원형, 「천주가사에 대한 텍스트언어학적 연구」, 서울대학교 언어학과 박사학위논문, 2009, 245쪽.

19 조원형, 「천주가사에 대한 텍스트언어학적 연구」, 89-99쪽.

20 이 '납월'이 음력 섣달을 일컫는 것이라면 양력으로는 1898년 초에 필사되었을 가능성도 있다.

21 오늘날의 전주시 완산구 전동 일대, 즉 전동성당 부근에 해당한다. '대화정(大和町)'은 물론 일제가 이름붙인 일본어식 지명이다.

22 김영수 엮음, 하성래 감수, 『천주가사 자료집 하(下)』, 가톨릭대학교 출판부, 2001, 168쪽.

23 '사향가'를 '사양가'로 표기한 필사본들이 이 밖에도 몇 개 더 있다. 당대는 한글 맞춤법 통일안이 제정되기 전이라 한글 표기 방식이 사람마다 제각각 달랐고, 필사자들의 한글 표기 실력 또한 일정하지 않았으리라는 점을 감안해야 할 것이다.

24 이 19개 교구는 서울대교구, 춘천교구, 원주교구, 대전교구, 인천교구, 수원교구, 의정부교구, 대구대교구, 부산교구, 청주교구, 마산교구, 안동교구, 광주대교구, 전주교구, 제주교구와 군 사목을 담당하는 군종교구, 현재는 '침묵의 교회'라 불리는 북한 지역의 평양교구와 함흥교구, 본래 북한 원산 일대를 관할하나 분단 이후 경북 칠곡군 왜관으로 이전해 명맥을 이어 가고 있는 덕원자치수도원구를 모두 아우른 것이다.

25 전주교구는 전라북도 전 지역과 충청남도 논산시 연무읍 일부를 관할하고 있다. 대한민국의 천주교 교구는 광역지방자치단체 관할 구역과 실질적인 생활권을 종합적으로 고려해 설정했기 때문에 국가에서 구획한 행정구역과 차이를 보이는 경우가 적지 않다. 예컨대 광주대교구는 본래 전라남도 전 지역을 관할하는 교구였으나, 광주광역시가 별개의 광역지방자치단체로 분리되면서 두 개의 광역지방자치단체를 동시에 관할하는 교구가 되었다. 부산교구 역시 부산광역시, 울산광역시 전 지역과 경상남도 일부 지역을 함께 관할한다. 그리고 강원도는 춘천교구와 원주교구로 분리되어 있으

며, 경기도 역시 인천교구(부천시, 김포시 전 지역과 시흥시 일부), 수원교구(한강 이남 경기도 대부분), 의정부교구(한강 이북 경기도 대부분), 춘천교구(포천시와 가평군은 강원도 북부와 더불어 춘천교구에 속한다.) 등으로 분리되어 있다.

26 '지정환'은 한국에 귀화하면서 새로 지은 이름이며, 출생 당시의 이름은 디디에 엇세르스테번스(Didier t'Serstevens)이다.

27 주교품을 받지 않았으나 덕망을 특별히 인정받는 천주교 고위 성직자가 교황에게서 받는 칭호이다.

28 이곳에 1906년 나바위 성당이 설립되었다. 김대건 신부가 상륙한 것을 기념해 세운 성당이다.

29 이힘, 「교황과의 점심식사에 초대된 조원형 씨」, 『평화신문』 제980호, 2008, 8쪽.

참고문헌

김영수 엮음, 하성래 감수, 『천주가사 자료집(상)』, 가톨릭출판사, 2000.

__________, 『천주가사 자료집(하)』, 가톨릭출판사, 2001.

김진소 편저, 양희찬·변주승 공역, 『이순이 루갈다 옥중편지』, 디자인흐름, 2010.

서종태, 「교우촌(交友村)」, 『한국민족문화대백과사전』, 한국학중앙연구원, 2015.

이 힘, 「교황과의 점심식사에 초대된 조원형 씨」, 『평화신문』 제980호(2008. 7. 27.), 2008.

정 민, 「정민 교수의 한국 교회사 숨은 이야기: 26. 양말론과 빈병론」, 『가톨릭평화신문』 제 1588호(2020. 11. 15.), 2020.

조원형, 「천주가사에 대한 텍스트언어학적 연구」, 서울대학교 언어학과 박사학위논문, 2009.

_____, 「천주가사 〈사향가〉 개작본의 텍스트 구조 대조 분석」, 『교회사연구』 36, 한국교회사연구소, 2011.

_____, 「초창기 한국 천주교회와 한글, 한국어」, 『경향잡지』 제1819호(2019년 10월), 2019.

차기진, 「윤지충 바오로와 권상연 야고보」, 『평화신문』 제681호(2002. 6. 23.), 2002.

천주교 전주교구 http://www.jcatholic.or.kr(2020. 11. 25. 접속)

최용택, 「박해시대 천주교 전파에 공헌한 '한글 교리서'」, 『가톨릭신문』 제3014호(2016. 10. 9.), 2016.

한국민족문화대백과사전 http://encykorea.aks.ac.kr(2020. 11. 25. 접속)

칠성풀이 서사와 정서 치유

***

박범석

서사의 치유적 성격

무가(巫歌)는 무속 의식에서 구연되는 이야기로서 인물과 사건의 전개를 갖추고 있다. 신화를 신성한 이야기로 보고 의례를 신화 구현의 과정으로 본다면 무가와 굿의 관계 역시 신화와 의례 관계로 대비시킬 수 있다. 무가는 신화적 서사 요소를 내포하고 있으면서 반복적으로 연행되는 과정을 통해 치유의 역할을 한다. 무속 의식에 영혼을 달래고 참여자들의 정서를 순화하려는 의도가 담겨 있듯이, 의례 과정에서 반복되는 무가의 내러티브에도 정서 치유의 의도가 내재한다.

무가의 치유 기능은 이미 문학 치료, 이야기 치료, 내러티브 치료 등의 연구에서 보이듯이 이야기가 주는 성찰과 위로의 힘으로 드러난다. 무가의 서사는 삶의 문제 상황에 대처하는 인지적 성찰의 기회를 주고 상처받은 내면을 치유하는 정서적 위로 역할을 하는 셈이다. 스토리텔러로서 무속인은 자신이 구연하는 무가를 통해 자신과 참여자 간의 공감과 소통을 일으키는 점에서 텍스트를 통해 얻는 치유 정서를 증폭시킨다. 자신과 무관한 타자의 좌절과 고통에 깊이 공감하는 순간 나와 상대의 내면에 긴밀한 유대가 형성되어 치유 체험이 가능해지는 것이다. 이러한 과정은 상담 장면에서 상담자와 내담자가 내러티브를 주고받는 치료의 매커니즘과 크게 다르지 않다.

무가의 서사적 접근은 주로 신화 분석의 방법론에 의해 연구되어 왔으나, 그마저도 활성화되어 있지는 않다. 무가가 텍스트로 유지되지 못하고 주로 개별 무속인의 구연으로 전승되므로 채록에 의지한 객관적인 분석에 어려움이 있다. 이 글에서 칠성풀이를 연구 대상으로 삼은 것은 칠성풀이가 다른 무가와 달리 서사 구조를 일관되게 보존하고 있기 때문이다. 칠성풀이가 전북 지역에서 거의 독점적으로 연행되고 있으므로 다른 지역으로 확산될 경우의 각색이나 변이 기회가 적었을 것으로 추측된다.

칠성풀이 내용은 시련 극복의 영웅 서사, 성장 과정의 통과의례, 희생제의와 인신공희 등의 신화 구조를 갖추고 있다. 가부장적 혈통위계, 효 중심 질서체계, 권선징악 등과 같은 전래 민담의 요소도 내포한다. 신화 구조에는 보편적인 상징과 은유를 드러내며, 전래 민담의 요소에는 현대의 가족관계를 성찰할 수 있는 가족 해체, 아버지 역할의 부재, 계모와의 갈등, 가정의 결손 상황 등을 시사한다. 따라서 칠성풀이의 서사에서 신화와 민담에 복합적으로 개입되는 다양한 관점의 내러티브 분석이 가능하게 된다.

칠성풀이의 서사 구조

칠성풀이는 여러 지역에서 채록되어 왔는데 주로 전북 지역에 집중되어 있다.[1] 지역마다 약간의 차이가 있으나 전북 지역의 공통된 내용을 정리하면 다음과 같다.[2]

> 천하궁의 칠성님과 지하궁의 매화부인이 혼인을 하였으나 오랜 기간 아이가 없었다. 자손을 낳기 위해 치성을 드리다가 마침내 매화부인이 일곱 쌍둥이를 낳는다. 칠성님은 짐승처럼 한 번에 일곱 쌍둥이를 낳은 것에 놀라서 매화부인을 소박하고 천하궁으로 돌아간다. 천하궁에서 칠성님은 옥녀부인과 재혼한다. 매화부인이 홀로 키우던 일곱 형제가 서당에 다닐 때 아비 없는 자식이라는 욕을 듣게 되어 크게 상심한다. 어머니에게 아버지의 거처를 들어 알게 된 후 천하궁으로 아버지를 찾아 나선다. 천하궁에 올라간 일곱 형제는 친자 확인 시험을 거쳐 혈육임을 인정받고 아버지 칠성님과 함께 지내게 된다. 계모인 옥녀부인이 일곱 형제를 죽이고자 꾀병을 앓으며 문복장이(복술가)를 매수하여 병을 고치려면 사람의 간 7개를 먹어야 한다고 말하게 한다. 부인의 병을 고치려면 사람의 간 7개를 먹어야 한다는 말은 들은 칠성님은 일곱 형제의 간을 취하여 아내의 병을 고치려 한다. 일곱 형제가 순순히 응하여 간을 취하려 할 때, 금사슴이 나타나 옥녀부인의 음모를 알려주며 자신의 간을 대신 내어 준다. 금사슴의 간을 받은 옥녀부인이 간을 먹는 척하고 버리자 음모였음을 확인하게 된다. 천벌을 받은 옥녀부인은 죽어서 짐승(두더지)으로 화한다. 칠성님을 모시고 고향으로 돌아온 일곱 형제는 절

망하여 죽은 매화부인을 환생꽃으로 다시 살려낸다. 아버지와 어머니를 잘살게 한 아들들은 칠성신이 된다.[3]

이상의 칠성풀이 내용을 간략히 정리하면 다음과 같다.

1. 천하궁의 칠성님과 지하궁의 매화부인이 혼인
2. 아이가 없다가 치성을 드린 끝에 일곱 아들 출산
3. 자식들을 버린 아버지가 천하궁 옥녀부인과 재혼
4. 일곱 아들이 천하궁으로 아버지를 찾아감
5. 시험 통과 후 일곱 아들임을 입증
6. 계모의 계략으로 일곱 아들의 간을 요구
7. 일곱 아들이 순응했으나 사슴이 나타나 대신 간을 줌
8. 계모가 응징되어 두더지가 되고 칠성님이 일곱 아들과 하강
9. 절망하여 죽은 매화부인을 환생화로 일곱 아들이 살려냄
10. 아버지와 어머니를 잘살게 하고 일곱 아들은 칠성신이 됨

천하궁의 칠성님과 지하궁의 매화부인의 결합은 천지의 조화와 합일의 상징으로 이해된다. 칠성님이 일곱 아들을 버리고 천하궁에서 후처를 얻는 전개는 합일의 와해를 의미할 뿐만 아니라, 지하궁과 차별화된 천하궁의 우월성을 드러낸다. 칠성님과 일곱 형제의 유래는 북두칠성 관련 설화가 거의 모든 문화권에서 등장하는 것에서 유추되지만, 숫자 7이 갖는 상징으로도 볼 수 있다. 상징 분류에서 숫자 7은 "무의식적 영혼과 정신의 발달, 개인의 전(全) 인격화로의 발달"이란 성장의 의미를 갖고 있다.[4]

서사 전반에서 알 수 있듯이 칠성풀이에는 신화와 무가의 공통된 모티브들이 혼재한다. 여성 수난의 형태로는 〈제석본풀이〉의 당금애기, 〈바리데기〉의 바리공주, 〈고구려 건국신화〉의 유화를 떠올릴 수 있으며,[5] 계모의 박해담이라는 면에서 〈장화홍련〉과 〈콩쥐팥쥐〉 소설과도 통한다. 계모의 박해는 백설공주나 신데렐라처럼 서구 설화와의 공통 구조로 볼 수도 있겠으나, 계모에 대한 인식보다는 재구성된 가족구성원 간의 갈등 현상으로 보는 것이 적절할 수 있다. 아버지의 잘못에 조건 없이 따르고 혈통 문제를 중시하는 가부장적 사회상과, 계모를 위해 기꺼이 간을 내주려는 효 중심의 질서체계를 반영한다.[6] 계모에 대한 징벌을 원하지 않으면서 원가족 부모의 재결합을 바라는 일곱 형제의 지고지순한 심성은 결국 이들이 칠성신의 반열에 오를 수 있는 자질로 평가될 수 있다.

역기능적인 가족 구도

칠성풀이는 가부장적 질서를 유지하면서 가족 결손을 극복하려는 줄거리로 읽힌다. 가족을 구조적인 원상태로 되돌리는 것만이 문제의 해결 방식이라고 할 수는 없다. 가족 해체 위기를 원가족[7] 상황으로 되돌리려는 맹목적인 대응이 오늘날 의미로 역기능적 방식[8]이라 할 수 있다. 가족 현실의 갈등을 직면하지 못하고 회피하거나 부정하는 방식으로 과거의 가족 상황으로 돌아가려는 것은 일종의 퇴행으로 볼 수 있다. 구성원들의 부당한 희생을 통해 억지로 가족 형태를 유지하는 것이 바람직하지 않듯이, 원가족으로의 구조적인 회귀만으로 긍정적인 가족 역할을 기대할 수는 없다. 칠성풀이 서사에서는 다른 서사들과 마찬가지로 주인공의 희생 대가로서 원가족 회복의 가치 실현이 가능해진다. 희생 대가로 가족의 가치를 실현하려는 방식은 그 과정이 반드시 정서적으로 바람직하다고 할 수는 없다. 이야기 결말이 긍정적으로 마무리되었다고 해서 문제해결 과정이 정당화될 수 없는 것과 마찬가지이다. 주인공의 선량한 본성과 헌신적 자질을 시험하려는 영웅 서사에서도 가족 역할의 구조적인 문제를 확인할 수 있다.

가족구성원의 역기능적 관계는 [그림 1]과 같은 드라마 삼각형의 신화적 인간관계 구도를 통해 이해될 수 있다.[9] 역기능적 가족구성원은 다음 세 역할의 순환 고리에 놓여 있다. 박해자는 인간관계의 주도권을 쥐고 희생자를 학대하거나 벌하는 사람이고, 희생자는 대립되는 인간관계에서 그 힘의 균형을 위해 희생되는 사람이다. 구원자는 희생자를 돕거나 박해자를 지지하는 호의를 베풀면서 타인을 자신에게 의존하게 만든다. 이들 모두 부정적인 역할의 순환 고리에서 벗어나지 못한다. 칠성풀이에서 아버지가 가족을 버리는 단계에서 박해자는 아버지, 희생자는 어머니, 구원자는 일곱 형제가 된다. 아버지를 만난

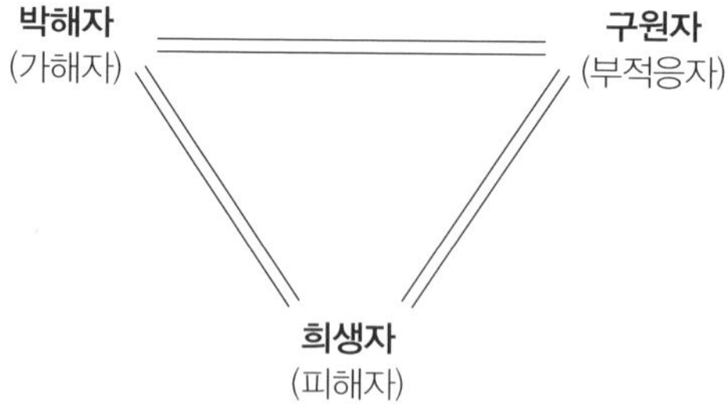

[그림 1] 드라마 삼각형의 신화적 인간관계 구도

천하궁에서 박해자는 계모, 희생자는 일곱 형제, 구원자는 아버지로 전치된다. 계모를 처벌하는 단계에서는 박해자는 아버지, 희생자는 계모, 구원자는 일곱 형제로 다시 순환의 과정을 거친다. 이러한 상황은 일종의 역할 돌려막기 게임을 하는 역기능적 가족구성원의 상황을 표현하고 있다.

희생자는 그 자신이 죄를 지어 처벌받는 것이 아니고 누군가의 죄를 대신해서 희생된다.[10] 계모의 계략에 의해 일곱 형제가 희생자가 되지만 스스로의 선택에 의한다는 점이 부각될 수 있다. 대표적인 희생자 사례로 꼽히는 서구의 오이디푸스의 희생은 어떻게든 피하려다 어쩔 수 없이 맞이하는 운명인 데 반해, 칠성풀이에서의 희생은 주인공의 자발적 선택과 순응으로 결정된다.

[그림 2]에서 알 수 있듯이, 칠성풀이를 비롯한 서사 무가의 내러티브 특성은 희생제의 과정을 거치는 것으로 나타나지만, 해체된 가족의 온전한 회복으로 위기를 극복하는 결론을 보여준다. 일곱 형제는 억지로 희생되지 않고 자발적인 결정에 의해 희생을 자처함으로써 소극적인 희생 대상이 아니라 헌신의 주체로서 거듭난다. 희생의 결과로서 스스로가 신격화되는 결말도 한국적 희생 서사의 특징이라 할 수 있다.

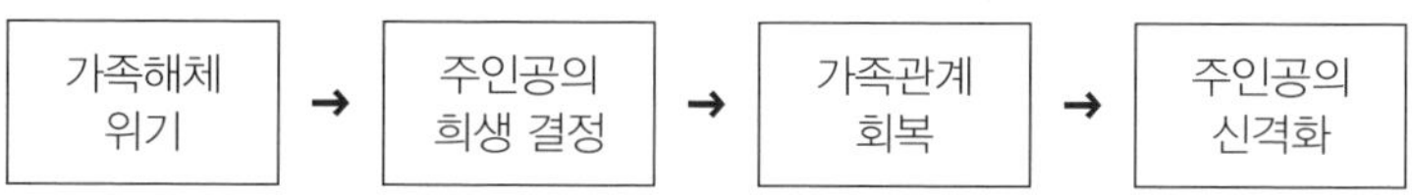

[그림 2] 희생 서사의 전개

칠성풀이가 가부장적 질서 옹호의 의도와는 상당히 벗어나 있다는 해석도 가능하다. 아버지 권위에 따르는 구성원들의 처절한 시련이 부각되지만, 정작 가장으로서의 아버지 역할은 지극히 부정적이다. 칠성님은 그토록 자식을 원하다가 일곱 쌍둥이를 출산하자 짐승과 같이 많다는 이유로 가족을 버리지만, 일곱 아들이 찾아왔을 때 자신은 아들이 없다고 거짓말을 하다가 결국은 인정할 수밖에 없게 된다. 계모의 병을 고치려면 일곱 아들의 간을 먹어야 한다고 했을 때도 아버지는 우유부단함을 보여주다가 결국 자식들을 죽이려 시도한다. 자식들의 도움으로 전실 부인과 행복하게 잘 산다는 결말로 끝나지만, 가장으로서의 아버지는 시종일관 무책임하고 무기력한 역할로 드러난다.

칠성풀이에서처럼 가장답지 못한 아버지 역할은 〈바리데기〉나 〈당금애기〉 서사 무가에서도 동일하게 보인다. 무가 이외의 〈심청전〉과 같은 구비문학 전반에서도 아버지는 자식의 몸을 바치라는 인신공희(人身供犧)를 묵과하거나 오히려 은밀하게 조장하는 캐릭터로 등장한다. 가부장적 사회 구조에서 가장의 권위가 보장되지만 개별 가장의 무능력을 여실히 보여주는 사례일 수 있다. 역기능적인 가족 구도에서는 드라마 삼각형의 예시에서 보이듯이 가족구성원이 부정적 역할 구도를 벗어나지 못함을 드러낸다. 수동적 희생을 순순히 받아들이는 희생자, 폭력적인 가해를 정당화하는 박해자, 박해자와 희생자 사이에서 우유부단한 구원자는 부정적 가족관계를 유지하는 삼각 구도로 드러난다. 칠성풀이 서사는 역경의 극복이라는 긍정적 메시지도 주지만, 가부장 질서의 폐해, 가족구성원의 고착된 역할, 희생을 강요하는 집단의 억압 등 부정적 요소들을 보여주고 있다.

일곱 형제의 통과의례

칠성풀이의 일곱 형제는 고난과 시련을 통해 성장해가는 통과의례 과정을 거친다. 통과의례 절차는 주인공의 고난 극복 사건을 다룬 신화와 민담에서 보이는 서사 구조이다. 대부분의 의례 과정에서는 '통과'의 형식으로 인격적인 변화를 드러낸다.[11] 나이, 직위, 공간의 전이가 일어나는 상황에서는 새로운 존재로 전환되기 위한 의례적 계기가 요구되는 것이다. 사춘기 청소년이 특정 시점에 저절로 성인이 될 수 없듯이, 주인공은 시련과 고난으로 이어지는 통과의례 과정을 거쳐야 영웅으로 재탄생된다.

통과의례는 분리 의례(rites of seperation), 전이 의례(transition rites), 통합 의례(rites of incorporation)의 세 단계로 나누어 설명된다.[12] 칠성풀이의 일곱 형제가 겪는 분리 단계는 기존의 생활 환경이 사회구조적 제약에서 벗어날 수 없음을 자각하는 데서 출발한다. 아버지가 없는 상태는 사회적·심리적 위기상황을 일으키게 되고, 이들이 아버지를 찾아 하늘궁으로 가는 과정은 일종의 분리 단계에 있음을 뜻한다.

전이 단계에서 일곱 형제는 하늘궁으로 찾아가 친자임을 인정받게 되지만, 계모의 계략으로 생명의 위협을 겪는다. 이들이 진입한 공간에서는 안정을 얻지도 못하고 새로운 부적응 상태로 전환해가면서 극단적 위기 상황으로 내몰린다. 이러한 시련과 고난은 일종의 시험대로서 일곱 형제가 완전한 존재로 거듭날 수 있는지를 확인하는 필연적 과정일 수 있다. 아버지가 계모를 위해 일곱 아들의 살해를 선택한 상황에서 자식 입장에서는 다시 한번 버림받는 고통을 안게 되는 셈이다.

[표 1] 통과의례의 세 단계

단계	주요 사건	성장의 상징성
분리 단계	일곱 형제가 집을 떠남	존재의 분리 · 독립
전이 단계	계모의 박해, 아버지의 재유기	시련과 고난의 감내
통합 단계	부모의 재결합, 칠성신으로 신격화	원숙한 인격체로 성장

통합 단계에서는 계모의 처벌과 부모의 재결합 이후에 일곱 형제가 칠성신의 지위로 격상된다. 이들은 전이 단계의 불안정과 위기에서 벗어나 새로운 공간에서 안정을 찾게 되고 원숙한 인격체로 성장하는 결말을 맞이한다.

통과의례에서 '분리'는 기존의 질서 환경에서 벗어나 자유로운 독립적 주체로서 인정받는 계기라고 말할 수 있다. '전이'에서의 독립된 주체는 새로운 상황에서의 고난을 감내해야 하는 책임감을 내포한다. '통합'은 이러한 시행착오를 거쳐 안정된 지위와 역할이 가능해지는 결실의 단계라 할 수 있다. 동서의 영웅신화와 민담은 이러한 통과의례의 세 단계를 거치는 성장 서사를 보여준다. 영웅이 처음부터 영웅으로 태어나는 것이 아니라, 고난의 시험을 거쳐 영웅으로 재탄생되는 경험을 하게 된다. 이러한 통과의례 서사는 오늘날에도 무수한 소설과 영화에서 성장의 내러티브 형태로 재현된다.

통과의례의 서사를 경험하는 독자들은 독립의 계기, 시련과 고난의 과정, 성숙한 인격체의 성취를 보면서 주인공의 정서에 공감하며 자신이 처한 상황에 위로를 받기도 한다. 성장 과정에서 고통과 시련은 필연적 과정임을 수용하는 자세만으로도 삶의 무게가 일정 부분 가벼워질 수 있다. 빅터 프랭클(Viktor Frankl)의 "고난은 고난의 의미를 아는 순간에 고난이기를 그친다."는 말도 고난을 대하는 우리의 정서적 자세와 관계되어 있음을 알 수 있다.[13] 그가 말하는 고난의 의미는 고난에 대한 명시적인 인지적 정의를 뜻하지 않는다. 자신이 처한 고난이 매순간의 삶에서 필연적인 의미가 있음을 수용하는 정서적 태도인 것이다.

공감과 소통의 정서 치유

정서를 치유하는 기본적인 방법으로 공감을 들 수 있다. 공감은 감정을 함께 공유하고 수용했을 경우에 일어나는 마음의 현상이다. 공감은 대화와 소통으로 형성되기도 하지만, 인간이 아닌 다른 대상을 통해서도 형성된다. 음악을 들으며 일상의 정서적 어려움을 위로받거나 소설의 이야기 전개에서 카타르시스를 경험하게 된다. 이야기를 통해 주인공이 처한 좌절의 위기 상황에서 자신과 같은 감정 상태를 느꼈거나 화자가 내면의 상처를 정확히 표현해주었을 경우 공감과 치유 경험이 가능해진다. 공감의 체험 과정이 일종의 치유 절차인 셈이다. 짧은 동화나 시를 통해서 감동을 받았다면, 동화나 시의 내러티브 요소가 그 당시 자신의 감정을 정확히 대변해주었거나 특정 표현이 자신의 감정을 정확히 공감해주었다고 느꼈기 때문일 것이다.

칠성풀이 내러티브는 이러한 공감의 요소를 곳곳에 내장하고 있다. 가족 내부에서 고통받는 희생자의 슬픔과 안전망 없는 사회적 약자의 억울함은 공감을 이끌어내는 정서 요소들이 된다. 주인공이 겪는 가부장제 위계의 피해, 가족 결손에 대한 사회적 냉소, 새로운 가족구성원과의 갈등, 일방적 희생의 강요 등은 영웅의 시련이 아니라 현대인의 현실적인 정서적 상처와 연결되어 있다. 서사 무가에서 이러한 에피소드가 반복적으로 구연되는 것은 결과적 문제 해결이나 위기 극복보다는 상처받은 내면에 대한 정서적 공감의 형성 의도가 크다고 볼 수 있다.

심리적 고통을 겪는 사람들에게 그저 참고 견디라는 말은 위로가 되지 않는다. 참으라거나 문제해결 방안을 곧바로 제시하는 반응은 달리 표현하면 상대의 상처에 공감하지 못한다는 의미가 될 수 있다. 상대에게 답을 주기보다는 고통을 들어주고 상처에 공감하고 지지하는 것이 실질적인 정서 치유에 효과적일 수 있다. 칠성풀이 서사는 심리적 지원체계를 갖추지 못한 민중들의 삶에서 가장 가까운 정서 치유의 계기를 형성해주었음을 짐작하게 된다. 일곱 형제의 시련 극복과 성장 과정에 공감하는 것은 우리 자신의 내면적 어려움과 일정 정도 상응되기 때문에 가능하다.

주

1 앞으로 더 많은 연구가 진행되겠지만 그동안 조사된 칠성풀이 서사는 전북에서 18편, 전남 1편, 충남 2편, 제주도 6편 등이 채록된 것으로 나타난다. 칠성풀이 서사는 서울, 경기, 경상도, 강원도에서는 거의 보이지 않는다. 함흥본과 평양본이 존재하지만, 자료의 압도적인 양을 보아도 칠성풀이는 전북 지역에서 형성되고 발전된 서사라 해도 무리가 없을 것이다.

2 칠성풀이는 관북 지역에서는 살풀이, 관서 지역에서는 성신굿, 호남 지역에서 칠성풀이, 제주도에서 문전풀이로 각기 다른 이름으로 불리고 있으나, 서사의 단락들이 대체로 일치한다. 서대석, 「칠성풀이의 연구: 성격과 서사시적 서술구조」, 『진단학보』 65, 진단학회, 1988, 81쪽.

3 『한국구비문학대계』 5-4: 전북 군산시 옥구군 편, 한국정신문화연구원, 1984, 375-395쪽.

4 최혜경, 「상징 의미를 활용한 시 해석의 치유적 상관성」, 『문학치료연구』 33, 한국문학치료학회, 2014, 187쪽.

5 〈바리데기〉 서사는 어비대왕의 일곱 공주와 관련된 설화이다. 버려진 일곱째 공주가 부모를 살리기 위해 고난을 겪은 후 신직(神職)을 받는 것으로 끝맺는다. 〈당금애기〉는 스님의 아이를 임신하여 가족에게 위협을 받은 딸의 수난사이다. 〈당금애기〉 서사는 아들 삼형제가 시험을 거쳐 친자임을 인정받고 제석신이 되는 결말을 보인다.

6 자식들이 버림받는 방식으로 아버지와 결별하는 구조는 단군신화, 주몽신화에서 보이듯이 부여-고구려-백제를 잇는 북방 계열의 공통된 내러티브이다. 같은 난생신화를 공유하는 신라의 건국신화에서는 아이가 유기되거나 아버지와 직접적으로 결별하는 내용이 보이지 않는 점에서도 특징을 살필 수 있다.

7 원가족(orgin of family)은 출생과 성장 과정의 가족으로서 주로 사회적·심리적·정서적인 소속감 형성에 영향을 준 1차 가족을 뜻한다. 원가족 경험이 자아개념과 대인관계의 신념에 중요한 역할을 한다는 것이 가족 치료의 한 요인으로 제시된다. 결혼하여 새로운 가족을 형성하여 생기는 부정적인 문제들은 원가족과의 관계 형성에서 비롯된 미해결된 정서와 관련된다고 보기도 한다.

8 '역기능적(dysfunctional)'이란 '기능적 혹은 순기능적(functional)' 의미와 대비되는 개념으로 집단 내에서 적절한 기능을 하지 못하거나 부정적인 결과로 이끄는 작용을 말한다. 가족 치료에서 쓰이는 역기능적 가족(dysfunctional family)의 의미는 구조적인 해체를 겪는 결손 가정의 형태를 지칭하기도 하고, 물리적 혹은 정서적 학대와 방임이 일어나는 비정상적 기능의 가족을 뜻하기도 한다. 칠성풀이에서의 가족은 아버지가 배우자와 양육자로서의 기능적 역할을 다하지 못한 점이 부각될 수 있는 역기

능적 가족에 해당된다.

9 S. Karpman, "Fairy tales and script drama analysis," *Transactional Analysis Bulletin*, 1968, 7(26): 39-43.

10 르네 지라르(René Girard)는 무고한 희생자(innocent victim)에 의해서 희생양의 메커니즘이 단절될 수 있다고 설명한다. 백형수, 「르네 지라르(René Girard)의 희생양 메커니즘에 관한 연구」, 『종교문화학보』 14, 전남대학교 종교문화연구소, 2017, 115쪽.

11 빅터 터너 지음, 김익두 · 이기우 옮김, 『의례에서 연극으로』, 민속원, 2014, 42쪽.

12 반 게넵 지음, 전경수 옮김, 『통과의례』, 을유문화사, 1985, 40쪽.

13 인간은 대체될 수 없는 존재라는 점에서 개인의 의미가 다르고 매일의 의미가 다르다고 프랭클은 말한다. 물리적인 박탈은 가능하지만 정신적인 자유를 빼앗을 수 없다는 점에서 인간에게는 의미에의 자유가 있다고 본다. 빅터 프랭클 지음, 이시형 옮김, 『삶의 의미를 찾아서』, 청아출판사, 2014, 84-90쪽.

참고문헌

『한국구비문학대계』 5-4: 전북 군산시 옥구군 편, 한국정신문화연구원, 1984.

마리-루이제 폰 프란츠 지음, 심상영 옮김, 『융 심리학과 고양이』, 한국심층심리연구소, 2013.

반 게넵 지음, 전경수 옮김, 『통과의례』, 을유문화사, 1985.

백형수, 「르네 지라르(René Girard)의 희생양 메커니즘에 관한 연구」, 『종교문화학보』 14, 전남대학교 종교문화연구소, 2017.

빅터 프랭클 지음, 이시형 옮김, 『삶의 의미를 찾아서』, 청아출판사, 2014.

빅터 터너 지음, 김익두·이기우 옮김, 『의례에서 연극으로』, 민속원, 2014.

서대석, 「칠성풀이의 연구: 성격과 서사시적 서술구조」, 『진단학보』 65, 진단학회, 1988.

최혜경, 「상징 의미를 활용한 시 해석의 치유적 상관성」, 『문학치료연구』 33, 한국문학치료학회, 2014.

S. Karpman, "Fairy tales and script drama analysis," *Transactional Analysis Bulletin 7*(26), 1968.

〈심청전〉, 신화가 되다

***

고은임

전라도판 〈심청전〉

전라도는 이야기의 고장이다. 일찍이 판소리를 생성·발달시켜 여전히 판소리의 메카로 우뚝 서 있으며, 서울과 함께 조선 시대 양대 출판지로 수많은 소설을 간행 및 유통시켰다. 서울에서 간행된 책을 경판(京板), 전주에서 간행된 책을 전주의 옛 이름 완산에서 글자를 따 완판(完板)이라고 부르는데, 각각은 외형적으로나 내용적으로 상당한 차이를 보이며 소설 유통에 상호 보완적 관계를 형성했다. 즉 같은 제목의 소설이라도 경판은 대체로 줄거리 위주의 적은 분량의 책으로 만들어졌고, 완판은 상대적으로 표현과 서술이 풍부하며 분량도 많게 출판되어 각기 서로 다른 성향의 조선 독자들을 충족시켰던 것이다.[1]

〈심청전〉의 경우도 그렇다. 완판 〈심청전〉이 경판보다 서술이 풍부하고, 인물 형상에 생동감이 넘쳐 소설적 재미가 크며, 주제적 의미 역시 한층 깊다. 특히 완판 〈심청전〉은 판소리 〈심청가〉와 영향을 주고받으며 공통의 서사 구조를 형성해 완판 계열의 '심청 서사'를 구축했다고 할 수 있는데, 이 과정에서 판소리 창자들의 생생한 현실 감각이 더해지며 훨씬 풍요로운 이야기가 만들어질 수 있었다. 그러한 까닭에 완판 계열 〈심청전〉이 오늘날까지 가장 많이 읽혔던 것이라 생각된다.

그런데 〈심청전〉을 얘기하며 전라도를 주목하는 또 다른 이유는 전라남도 곡성의 관음사 연기설화 〈옥과현성덕산관음사사적(玉果縣聖德山觀音寺事跡)〉이 〈심청전〉과 관련되어 있기 때문이다. 그 내용이 〈심청전〉과 매우 유사하기에 〈심청전〉의 유력한 근원설화로 거론되곤 한다.

기실 〈심청전〉의 근원설화로 언급된 이야기는 여러 가지이며, 그 가운데 어떤 이야기에서 〈심청전〉이 직접 유래되었는지 확실히 알 수 없다. 그리고 경판과 완판, 이본별로 서사 전개에 차이가 존재해 각기 함의한 바도 조금씩 다르다. 그런데 완판 〈심청전〉에는 관음사 연기설화에서도 간취되는 종교적 사유, 현실의 불합리와 부조리를 조정하고 넘어서려는 신화적 사유가 짙게 투영되어 있다.

그리고 이러한 성격의 심청 이야기는 오늘날 〈심청굿〉으로 전승되어, 동해안 별신굿 제차의 한 굿거리로 연행되면서 눈이 밝아지기를 기원하는 사람들의 염원을 이뤄주고 있다.[2] 전라도판 심청이가 동해안 사람들의 기원을 들어주는 신이 된 것이다. 완판 〈심청전〉에 어떤 사유가 담겨 있기에 심청 이야기가 굿이 되어 사람들을 위무하게 된 것일까?

지상의 삶

오늘날의 관점에서 〈심청전〉은 조선 후기 팽배했던 효 이데올로기, 유교적 가부장제에 의해 어린 여성이 희생당한 폭력의 서사로 보이기도 한다. 아버지를 향한 심청의 사랑이 절절하기는 해도 심청의 죽음 자체를 지나치게 미화하는 것은 분명 위험한 일이다. 심청이 죽음에 이르게 된 과정은 그 자체로 비극이며, 그런 일은 어느 시대 어느 아이에게든 일어나게 해서는 안 되는 일이기 때문이다. 〈심청전〉에는 효가 추앙되었던 시절, 취약한 환경에 처한 어질고 착한 아이가 자신의 삶, 자신의 존재를 먼저 보살피지 못하고 불쌍한 아비를 위해 선뜻 몸을 팔아 죽음에 이른 비극이 그려져 있다.[3]

그러나 심청의 삶이 내내 비극으로 점철되었던 것은 아니며, 그 서사가 비극으로 끝나지도 않는다. 무능한 눈먼 아비였어도 심봉사는 딸을 사랑했으며, 심청은 인당수에 뛰어든 후 환생하여 아버지 눈을 뜨게 한다. 조선 후기 하층 현실의 반영이 핍진한 전반부 서사와 달리, 천상계가 개입하며 환상적으로 전개되는 후반부 서사는 그 비현실성 때문에 불필요하다거나 통속적이라는 등의 비판을 받기도 했지만,[4] 바로 그 환상의 서사로 〈심청전〉이 완성된다. 그리고 그 '환상'에 우리가 탐색하려는 신화적 사유가 담겨 있다. 본격적으로 〈심청전〉의 신화적 사유를 살펴보기에 앞서, 우선 지상의 존재 심봉사와 심청의 삶을 들여다보자.

완판 계열 〈심청전〉에는 심봉사와 심청의 관계가 매우 곡진하게 그려져 있는데, 그 각별한 관계는 심청의 탄생에서부터 시작된다. 눈먼 남편을 보살피며 가정의 살림을 도맡았던 곽씨 부인은 삼신축원

(三神祝願)을 하여 어렵게 낳은 아이가 딸이라는 사실에 섭섭해 하지만, 심봉사는 외손봉사를 하면 된다는 말로 실망한 아내를 위로하고 그저 기뻐하며 아기를 어른다. 남아선호(男兒選好)가 통념적이던 시대에도 심봉사는 태어난 딸을 마주하고 아무 조건 없이 그 존재 자체에 온전한 애정을 전했던 것이다.

그러나 심봉사가 한결같이 자애롭기만 한 것은 아니었다. 곽씨부인이 갑작스럽게 사망하고 눈먼 홀아비로 아이를 키워야 하는 상황에 봉착하자, 그 비탄의 마음을 죄 없는 갓난아이에게 옮겨 화증을 내기도 한다. 특히 창자들의 현실 감각이 더해져 실감이 생생한 판소리 창본 〈심청가〉에 심봉사의 복잡다단한 마음이 잘 나타나 있다.[5]

심봉사는 물리적으로나 정서적으로 오랜 기간 의지해 살았던 부인을 땅에 묻고 집으로 돌아온 뒤, 사랑하던 이를 잃은 상실감과 홀로 남겨진 막막함에 그야말로 미친 듯이 실성통곡한다. 그렇게 텅빈 집에서 홀로 아이를 돌보는데, 심청이 배가 고파 울기 시작한다. 안고 어르고 달래지만 도무지 울음이 그칠 기미가 보이지 않자, 심봉사는 "네 팔자가 얼마나 좋으면 초칠일 안에 어미를 잡아먹고 이 고생이여, 죽어!"라고 벌컥 화를 내며 아이를 내친다. 갓난아이를 향한 이와 같은 행위는 비속하고 폭력적이다. 그러나 불우한 상황에서 괴팍해지지 않기란 얼마나 어려우며, 오늘날 현실에서도 얼마나 많은 보통의 부모가 아이에게 자신의 화를 옮기곤 하는가? 이는 가진 것 없는 눈먼 아비로서 당장 내 아이의 배고픔조차 어찌할 수 없는 상황에서 누구에게라도, 아니 자신을 포함한 온 세상에 화가 치미는 절망적 심정이 현실적으로 표출된 것이기도 하다.

그렇게 실성발광한 것처럼 주체할 수 없이 화증을 내는 심봉사

모습에 심청은 곧 더 큰 울음을 터뜨리고, 심봉사는 자신의 구박에 서럽게 우는 아이를 보자 비로소 '참설움'이 터져 재빨리 아이를 끌어안는다. 그리고는 "우지 마라, 내 새끼야. 너 죽어도 내 못 살고, 나 죽어도 너 못 살리라. … "라고 달래며 우는 아이와 같이 우는 마음으로 긴 밤을 보낸다. 그토록 긴긴 밤을 지내고 날이 밝아 물 긷는 소리가 들려서야 "좋아라고 옳지 인제 날 밝었구나." 하며 젖동냥에 나서는데, 이러한 심봉사의 모습에서 우리는 절망적 상황에서도 결코 포기되지 않는 아이에 대한 애틋한 사랑을 읽을 수 있다.

심봉사는 숭고하고 점잖은 군자가 아니다. 완판 〈심청전〉 도입부에서는 심봉사가 양반의 후예이며 사람마다 군자라 칭하는 인물이라 소개되지만, 그 인물이 보여주는 구체적 형상은 점잖은 도덕군자와 거리가 멀고 오히려 하층의 비속한 현실을 살아가는 범부(凡夫)에 가깝다. 아이를 양육하는 심봉사의 태도에서도 양반으로서의 근엄함, 가장으로서의 권위 있는 모습은 찾아보기 힘들다. 양반의 후예라지만 이미 몰락하여 사회적 지위나 가산을 잃은 지 오래고, 장애가 있어 더욱이 홀로 생계를 꾸리기 힘든 상황에서 점잔을 빼지 않고 낮은 자세로 이웃에게 연민을 호소하며 살뜰히 심청을 키워낸다. 주어진 형편에서 나름의 최선을 다해 딸아이를 먹여 살렸던 것이다.

그리고 심청에게도 권위적인 아버지, 딸에게 효의 당위를 가르치는 가장이 아니라, 무능해서 미안하고 그런 자신의 딸이 애처로운, 다감한 아버지의 모습을 하고 있다.

> 혹은 먹고 가라 하면 심청이 하는 말이, "추운 방에 늙은 부친 응당 기다릴 것이니 나 혼자 먹사오리까. 어서 바삐 돌아가서 아버지와

> 함께 먹겠나이다." 이렇게 얻은 밥이 두세 집 얻으니 족한지라. 속히 돌아와서 방문 앞에 들어오며, "아부지 춥지 않소? 아부지 시장하시지요? 아부지 기다렸소? 자연히 더디었소." 심봉사가 딸을 보내고 마음 둘 데 없어 탄복하더니 소리 얼른 반겨 듣고 문을 펄쩍 열고 두 손 덥썩잡고, "손시렵지야?" 입에 대고 홀홀 불며 발도 차다 어루만지며 혀를 끌끌 차며 눈물지어, "애고애고 애답도다. 너의 모친 무상하다. 내의 팔자야. 널로 하여곰 밥을 빌어먹고 살잔말가? 애고애고 모진 목숨 구차히 살아나서 자식 고생 시키난고." 심청이 극진한 효성으로 부친을 위로하되, "아부지 그 말씀 마오. 부모를 부양하고 자식의 효도 받는 게 천리의 떳떳하고 인사의 당연하니 너무 걱정 말으시오. 진지나 잡수시오."[6]

심청은 7~8세가 되자 홀로 동냥길에 나서기 시작한다. 심청이 추운 날 늦게까지 돌아오지 않자 심봉사는 안절부절 어찌할 바를 모른다. 그러다 기척이 들리자 왈칵 반겨 "손시렵지야?" 하며 꽁꽁 언 심청의 손과 발을 입으로 손으로 자신의 온기로 정성스레 녹이고, 구차한 목숨으로 자식을 고생시킨다며 자책감에 눈물짓는다. 심봉사의 이러한 삶의 태도, 궁핍하고 팍팍한 형편이지만 나름의 최선을 다해 생계를 이어나가며 애틋하고 곡진하게 딸아이를 사랑하는 심봉사의 모습은, 심청이 아버지에게 갖는 각별한 애정을 이해하게 한다.

심청 역시 혼자 식량을 구하러 다닐 때조차 아버지에 대한 걱정을 놓지 못한다. 심청이가 기특해 한 끼라도 따뜻하게 먹이고 싶다는 이웃 어른의 호의에도, "추운 방에 늙은 부친 응당 기다릴 것"이라며 사양하고, 종일 추위에 배를 곯고 있을 아버지 생각에 발걸음을 재촉해 돌아온다. 심청에게 심봉사는 불편한 몸으로 혼자 딸자식 키우느라 고생 많은 가여운 아버지이다.

심봉사가 권위적이거나 폭압적인 아버지였다면, 아니 심청의 봉양을 으레 자식의 의무로 생각하는 조선의 '가장'이었다면, '출천대효(出天大孝)'라는 심청의 효행을 관습적 이념의 실현으로 읽어도 그만일 것이다. 그러나 심청에 대한 심봉사의 절절하고 다정다감한 사랑, 그 사랑을 온전히 느끼고 자란 심청의 마음을 들여다볼 때, 심청의 효행은 효라는 중세적 이념에서 기인한 것이기보다 죽을 고생을 하며 자신을 키워낸 눈먼 아비에 대한 인간적 정리(情理)로 먼저 이해함이 옳다.[7]

자라나는 심청은 점점 더 아버지가 불쌍하다. 생계를 떠맡은 심청과 그런 심청에게 봉양받는 심봉사 사이는 그렇게 보살핌의 관계가 점차 역전되고, 심청에게 아버지는 순종해야 할 가장이기보다 보살펴야 할 가족이 되어 간다.

이처럼 심청의 마음, 흔히 '효심'이라 불리는 그 바탕에는 아버지를 불쌍히 여기는 마음인 측은지심(惻隱之心)이 가득하다. 그리고 그 측은지심은 심봉사가 무모한 시주 약속을 한 상황에서조차 발현된다. 경솔하고 물색없는 행동을 해버렸다는 심봉사의 자책에 동참하여, 이 형편에 웬 시주냐며 심봉사를 탓할 만도 한데, 물에 홀딱 젖은 채로 자신의 실수와 장애의 서러움을 비탄하며 하릴없이 앉았는 아버지를 마주하고는 그가 느꼈을 서러움, 비참함, 자책감을 같이 슬퍼하고, 우선 그 마음을 위로한다. 그리고는 천지신명께 공양미 삼백 석을 마련케 해달라 기도하고, 마침내 그 기도가 응답받아 인당수 제물로 팔리게 된다.

그러나 기도가 이뤄진 것이 결코 좋은 일일 수만은 없었다. 공양미 삼백 석이 시주되고 심봉사가 눈을 뜬들 행복한 결말이 될 수 있겠는가? 심청은 아버지를 위해 기꺼이 몸을 팔았어도 죽음의 길은 두렵고 슬펐으며, 심봉사는 뒤늦게 사태를 알고 울부짖는다. 그리고 무력한 아비는 그렇게 딸 팔아먹은 아비가 되고서도 눈을 뜨지 못한다.

'순수증여'를 이끈 심청의 '증여'

궁핍한 삶과 아버지의 장애라는 문제는 심청의 현실적 능력으로 해결할 수 없는 일이기에, 심청은 부처의 공덕에 의지해 이를 해결하려 했다. 현실적 차원에서 보면 이 서사는 심청은 죽고 심봉사는 끝내 눈을 못 뜬 채 딸 팔아먹은 아비로 살아가는 비극적 이야기가 될 것이다. 그러나 심청의 효행에 옥황상제가 감응하여 심청은 환생하고 심봉사는 눈을 뜬다. 심봉사와 심청이 살던 현실의 간난, 지상계의 문제가 천상계 개입으로 해결되는 것이다. 그리고 이때 천상계의 개입을 끌어낸 것은 심청의 희생이었다.

해결 불가능한 지상의 문제, 이를 해결하기 위한 심청의 희생과 그에 따른 천상계의 개입, 그리고 문제해결에 이르는 서사 구조는, 희생제물을 통해 지상계와 천상계가 접합하고 소통하는 희생제의의 전통과 긴밀하게 관련되어 있다. 때문에 〈심청전〉의 희생제의적 성격이 일찍이 조명되어 왔다.[8]

그런데 오늘날 희생제의는 희생제물에 가해지는 폭력성이 강조되는 방식으로 이해되곤 한다. 모든 종교적·문화적 활동의 원형에는 '희생양 메커니즘'이 들어 있다고 보고 그 '희생양 메커니즘'을 집단적 폭력의 도식으로 파악하여, 희생양은 상징적인 신에게 봉헌되는 것이 아니라 거대한 집단 폭력에 봉헌되는 것이라 여겨지기도 하는 것이다.[9] 이러한 관점으로 〈심청전〉을 읽을 경우 심청이는 공동체 집단에 의해 살해당한 소외된 희생양에 불과하게 된다.

그러나 희생제의는 신격에 선물을 바쳐 신과 소통하고 교감하려는 신화적 사유에 기반한 것으로, 이때 바쳐지는 희생제물은 인간과 신을 중개하는 역할을 한다고 여겨진다.[10] 이러한 의미에 주목하면, 심청은 희생제의에 참여함으로써 지상계와 천상계를 소통시키고 심청 서사를 신화의 세계로 이끈 '주체'로 파악하게 된다. 물론 인간을 제물로 바치는 인신공희(人身供犧)의 전통은 야만적이고 폭력적인 것으로, 심청이 인신공희의 제물이 된 일은 현실적 맥락에서 결코 미화되어서는 안 된다. 그러나 문학은 현실의 반영이기만 한 것이 아니다. 심청의 환생과 심봉사 개안(開眼)의 판타지로 이어지는 이야기에는 당대인들의 종교적 염원과 신화적 사유가 투영되어 있으며, 그 점을 읽어낼 때 〈심청전〉의 총체적 의미에 닿게 되는 것이다.

심청이 희생된 과정을 살펴보자. 심청의 죽음은 몇 단계의 계약 과정을 거친다. 우선 심봉사가 화주승과 약속한 공양미 삼백 석을 심청이 자신을 팔아 마련하고, 그렇게 선인들에게 판 심청의 몸은 인당수 제물이 되어 용왕에게 바쳐진다.

[표 1] 〈심청전〉에서의 교환 과정

교환 주체	교환물	교환 주체
심봉사	공양미 삼백 석 ↔ 개안	화주승(부처)
심청	심청의 몸 ↔ 공양미 삼백 석	선인
선인	심청 ↔ 안전한 항해	인당수 용왕

이 과정을 [표 1]과 같이 현실 세계의 '교환' 체계로 이해한다면, 교환 과정에서 심청 자신은 교환물로 소비되면서도 아무런 이익을 얻지 못한다. 즉 심봉사의 개안 비용을 '지불(교환)'하기 위해 심청의 몸이 공양미 삼백 석과 '교환'되고, 그 과정에서 심청 스스로 얻는 이익이 전혀 발생하지 않기 때문에 심청은 소외된 채 일방적으로 희생된 것이 되고 만다.[11]

그런데 심청은 희생했어도 죽지 않았고, 그 희생은 '안전한 항해'로 교환된 데 그치지 않고 심청의 환생과 심봉사 개안이라는 결과로 이어진다. 심청이 교환물에 불과했던 것이 아니라, 희생제물로서 신에게 증여되는 '선물'로 기능하며 신과 소통하고 신의 응답을 이끄는 역할을 했기 때문이다. 지상에서의 '교환' 체계에 의해 소외되었던 심청이 희생제의에 참여함으로써 인간과 신 사이의 '증여' 체계에 편입되면서, 신의 기적을 이끌어내어 환생하고 그렇게 염원하던 심봉사의 눈을 뜨게 한 것이다.

여기서 '교환'과 '증여'의 의미에 대해 잠시 살펴보도록 하자.[12] 오늘날 우리 사회 '물(物)'의 이동은 주로 '교환' 시스템에 의해 이뤄진다. 이 사회에서 '교환'은 등가 교환을 원칙으로 하며, 상품에 사람의 인격, 감정 같은 것이 포함되지 않는다고 인식한다. 교환되는 물은 계산 가능하고 그 값이 확정적이어서 주고받는 이들은 그것의 가치를 잘 알고 있다. 따라서 물물교환은 등가 교환되며, 교환은 즉각적으로 이뤄진다. [표 1]의 교환 과정을 교환 원리로 이해한다면 심청은 교환물로서 소비되는 존재이다.

그런데 원시 사회를 연구한 마르셀 모스(Marcel Mauss)는 원시부족의 물물교환 시스템이 '교환'이 아닌 '증여'에 의해 이뤄진다는 사실을 발견했다. 여기서 '증여'되는 '물'은 교환 체계의 '물'과 다르게 인식된다. 증여 체계에서는 물을 매개로 사람과 사람 사이에 인격적인 무엇, 불확정적이고 계산 불가능한 가치가 이동한다고 여겨지며, 여기서 교환가치의 사고가 끼어드는 것은 철저하게 배제된다. 선물을 생각하면 쉽게 이해할 수 있다. 우리는 백화점 상품을 선물하는 경우에도 주의 깊게 가격표를 뗀 다음 예쁘게 포장해서 상품으로서의 흔적을 가능한 한 제거하려 하는데, 이러한 행위가 바로 '교환'이 아닌 '증여'의 원리에서 배태되었다 할 수 있는 것이다.[13] 증여 체계에서 물은 교환 체계에서 철저히 거세당한 사랑, 신뢰 같은 정신적 측면과 분리되지 않고 오히려 그것이 전달되기를 기대하며, 증여 이후 또 다른 증여, 즉 답례는 적당한 시간을 두고 이뤄진다.

물론 오늘날에도 선물을 주고받는 것처럼 증여에 의한 물물교환 시스템이 어느 정도는 작동한다. 그러나 현대 사회와 달리 원시 사회에서는 '증여'가 물물교환 시스템의 지배적 원리였다는 것이다. 원시 사회는 이와 같은 증여 체계, 증여-답례 과정을 통해 인간과 인간, 부족과 부족, 그리고 인간과 자연/신 사이에 정신적 가치들이 오가며 소통하는 사회를 구축했다고 여겨진다.[14]

희생제의에서 바쳐지는 제물은 신에게 증여되는 선물로, 즉 신과 인간의 '증여-답례' 체계 안에서 신과 소통하는 매개가 되는데, 여기서 심청이 희생제물이 됨으로써 신과 인간의 증여 체계에 참여하게 되었다고 할 수 있다.

그런데 이러한 관점에서 심청이 희생하게 된 과정, 그 삶의 궤적을 살펴보면, 이 역시 근본적으로 교환이 아닌 증여의 원리에 기반해 있음을 알 수 있다. 애초에 심봉사의 개안과 심청의 목숨 사이에는 등

가성이 존재하지 않으며, 그것이 교환되면서 이동하는 것은 '사랑'이라는 정신적 가치이다. 여기서 우리가 다시금 주목해야 할 것은, 심청이 희생제의에서 신에게 증여되는 선물이 됨으로써 신과 인간 간의 증여가 이뤄지기 이전, 심봉사의 관계에서 이미 증여를 행했다는 사실이다. 무능하고 가난하지만 최선을 다해 자신을 살뜰히 키워낸 아버지, 그러한 심봉사의 증여에 심청은 자신의 목숨으로 증여/답례한 것이다. 그리고 그것은 신의 기적, 즉 '순수증여'를 도래하게 한다.

'순수증여'는 증여가 극한에 이른 상태의 원리에서 출현한다. 증여가 기본적으로 증여-답례의 사이클을 갖추고 있다면, 순수증여는 아무런 답례도 바라지 않는 증여, 기억조차 되지 않는 증여로, 현실보다 신화의 세계에서 출현하는 것이라 여겨진다. 마치 '신의 은총'이라 명명되는 것처럼, 눈에 보이지 않는 힘에 의해 이뤄지며, 그 힘은 물질화되지도 현상화되지도 않아 증여의 주체자도 대상도 실체도 선명히 드러나지 않는다. 그렇기 때문에 답례가 불가능하며, 주고받는 교환 사이클 자체를 일탈한다.

〈심청전〉에서 순수증여는 옥황상제에 의해 이뤄진다. 심청이 인당수에 빠지자 옥황상제는 심청을 데려와 몸과 마음을 위로한 후 환생시켜 황후로 만든다. 그리고 부녀가 그토록 염원하던 대로 심봉사의 눈을 뜨게 한다. 이는 심청의 열렬한 효행에 대한 보상으로 이해되곤 하는데, 하늘의 조화는 단순히 심청 개인에 대한 보상에 그치지 않는다. 경판과 달리 완판 계열 〈심청전〉에서는, 대단원의 맹인 잔치에서 심봉사 혼자만 눈을 뜨는 것이 아니라, 심봉사를 시작으로 잔치에 참여한 맹인, 그리고 천하의 맹인까지 연쇄적으로 눈을 뜨는 기적이 일어난다.[15] 어떤 원리로 왜 눈을 뜨게 되는지 그 힘의 원인과 실체를

[표 2] 심청의 증여 → 신의 순수증여

증여 주체	증여물(이동하는 가치)	증여 주체
심청	심청 자신(사랑) ↔ 양육(사랑)	심봉사

⇩

순수증여 주체	순수증여물	증여 대상
옥황상제	심청의 환생과 맹인의 개안	심청, 심봉사, 천하 맹인

전혀 알 수 없는 상황에서, 갑작스레 발현되는 신의 순수증여가 심청 부녀에게, 그리고 같은 어려움을 겪는 모든 이들에게 널리 확장되어 현현한 것이다.

그리고 그 순수증여가 이뤄지게 된 계기는 바로 심청이 심봉사를 위해 헌신한 일이었다. 심청의 '증여'가 신의 '순수증여'를 이끌어낸 것이다.[16] 즉 심청이 희생제의를 통해 천상계에 선물로 증여되면서 지상계와 천상계가 이어지고 신의 은총이 발생한 구조가 형성되었지만, 여기서 보다 본질적인 것은 지상과 천상의 관계 이전에 지상계 내의 부녀관계 안에서 심청이 증여를 행한 데 있었다. 이에 하늘이 감응하여 순수증여가 이뤄지고 심청의 환생과 심봉사 개안뿐만 아니라 천하 모든 맹인이 개안하는 이적이 출현하게 된 것이다.

이러한 의미 구조는 다양한 설화, 종교 서사에서도 드물지 않게 발견된다.[17] 〈심청전〉의 근원설화로 거론되는 곡성 관음사의 연기설화 〈옥과현성덕산관음사사적〉을 살펴보자. 충청도 대흥현 원량(元良)이라는 맹인이 일찍이 아내를 잃고 홀로 딸 홍장(洪莊)을 키우며 곤궁하게 살았다. 홍장은 어려서부터 효심이 깊었는데, 어느 날 원량이 성공 스님의 간곡한 시주 요청에 홍장을 바친다. 이에 홍장이 집을 떠나가다가 진나라 선인들을 만나 황후가 되고, 선인들이 싣고 온 재물을 시주하여 성공 스님의 법당 공사를 이룬다. 한편 원량은 딸과 이별할 때 흘린 눈물로 개안하여 복록을 누리고, 홍장은 황후가 되어서도 지속적으로 시주하여 불사(佛事)를 이루다가, 자신의 원불(願佛)인 관음상을 고국으로 보내 성덕산 관음사를 세운다.[18]

이 이야기는 설화이기 때문에 작품의 편폭이 짧고 인물 형상이 소략하지만 〈심청전〉과 매우 비슷한 내용, 즉 효심 깊은 홍장이 아버지를 위해 자신을 증여하여 그것이 결국 불사를 이루고 아버지 눈을 뜨게 한다는 내용이 전개되어 있다. 이때 〈심청전〉과 달리 홍장의 내면은 상세히 그려져 있지 않지만, 주목할 점은 홍장이 원불인 관음상(觀音像)을 만들어 관음사(觀音寺)를 창건한다는 것이다. 대승불교에서는 실제적 삶에서의 고난을 위로하고 중생의 바람을 들어주며 불도에 인도하는 구제행이 보살에 의해 이뤄지는데, 특히 관음보살은 인간생활 속에서 일어나는 다양한 고난들에 폭넓은 구제행을 베푼다.[19] 현실고난의 중생을 구제하는 것을 본원으로 하기에 중생들에게 가장 친근한 의지처였다.[20] 그런데 홍장의 원불이 바로 그 관음인 것이다. 즉 그의 증여는 중생을 구제하는 행위와 맞닿아 있다고 할 수 있다.

더욱이 〈옥과현성덕산관음사사적〉에는 "대개 홍장과 성덕은 모두 관음이 인연을 따라 감응한 화신(化身)이 아니겠는가? 어쩌면 석가모니가 속세에 백억(百億)의 분신을 나투신 것이 아니겠는가?"[21] 하는 구절이 보인다. 이 설화의 전승자는 홍장의 증여를 곧 관음의 현현이라는 신의 순수증여로 이해하고 있는 것이다. 이로써 보면 이 이야기 역시 인간과 인간, 신과 인간 사이의 증여와 순수증여의 신화적 의미망을 갖추고 있다는 사실을 알 수 있다.

홍장과 심청은 지상의 삶에서 그 자신을 증여하였고, 그 증여는 천상의 순수증여를 이끌었다. 신의 순수증여가 지상에 출현하여 증여와 접촉할 때, 거기서부터 사람들 사이 영력에 '증식'이 일어나 마음이 풍요로워지는 것을 경험하게 된다.[22] 그렇게 경험된 순수증여는 다시 지상의 증여 사이클을 더욱 풍요롭고 왕성하게 만들고, 서열화되고 차등화된 현실의 비대칭성을 조절하여 대칭적 관계를 회복시킨다. 바로 그 과정의 시작이 인간 사이의 증여에서 비롯된다는 사실을 홍장과 심청이 잘 보여주고 있다.

지상의 신화

이처럼 〈심청전〉의 저변에는 증여와 순수증여의 원리, 신화적 사유가 자리해 있다. 심청은 스스로 증여함으로써 신의 순수증여를 도래하게 하였고, 지상의 고통받는 존재들을 치유하였다. 심청이 겪은 '죽음과 부활', 이계(異界)의 경험과 영험한 능력의 획득은 그것 자체로 샤먼이 되는 입무 과정(入巫過程)의 성격을 띤 것으로 이해되기도 한다. 몸을 던져 용왕을 만나고 지상으로 돌아와 황후로서 만민을 보살피며 맹인의 눈을 치유한 심청이 입무 과정을 거친 샤먼이라는 것이다.[23] 이러한 신화적 요소들을 담뿍 품고 있기에, 심청의 이야기가 그것 자체로 신화가 되어 동해안 무속 제의의 굿거리로 자리하고, 눈이 밝아지기를 기원하는 사람들의 염원을 들어주게 된 것이 아닐까?

증여 원리를 회복한다고 반드시 신의 순수증여가 도래하는 것은 아닐 것이다. 그러나 지상에서의 증여가 선재(先在)할 때 비로소 신의 순수증여가 가능케 된다는 신화적 사고는 오랜 세월 인류와 함께했으며, 그러한 사유가 지상의 수많은 단절과 부조리를 조정하고 공생공락의 세계로 나아가는 데 동력이 되어왔다. 심청의 이야기가 바로 그러한 사유를 잘 담지한 채 우리 곁을 지켜온 것이다.

마지막으로 첨언하자면, 인간 사이의 증여가 순수증여를 이끈다는 서사는 반드시 신화의 세계, 환상적 이야기에만 나타나는 것은 아닌 것 같다. 심청이 가난한 시각장애 홀아비 밑에서도 놀라울 만큼 어질고 선량한 아이로 자랄 수 있던 데에는 이웃 공동체의 보살핌이 존재했다. 장애를 단번에 치유하고 죽은 이를 되살리는 신이한 이적을 행할 수는 없지만, 인간의 이기(利己)를 벗어나 서로 나누고 연대하며 타인의 어려움을 보살피고 아픔에 공감하는 일들이, 그것 자체로 지상에 존재하는 기적이 아니고 무엇이겠는가? 그런 것이야말로 신의 세계, 천상의 세계를 염원하는 지상의 존재들이 신을 사랑하며 행할 수 있는 일이며, 그러한 신화적 사유가 지상의 현실을 천상의 세계, 신의 세계에 가까워지게 만들어가는 것일 터이다.

주

1 조선 시대 출판 상황에 대해서는 정병설, 『조선시대 소설의 생산과 유통』, 서울대학교출판문화원, 2016, 249-263쪽 참조.

2 〈심청굿〉에 대해서는 김우중, 「심청 전승의 형성과 심청굿의 변모 양상 연구」, 경희대학교 석사학위논문, 2014; 최재호, 「심청굿에 수용된 심청 서사 수용 요인」, 『인문과학연구』 34, 대구대학교 인문과학연구소, 2010 참조.

3 이에 관해서는 고은임, 「부녀관계를 중심으로 읽는 〈심청전〉」, 『판소리연구』 50, 판소리학회, 2020 참조.

4 장덕순, 『국문학통론』, 신구문화사, 1988, 244-245쪽; 박일용, 「심청전의 가사적 향유 양상과 그 판소리사적 의미」, 최동현·유영대 편, 『심청전 연구』, 태학사, 1999, 183쪽.

5 이 부분은 김연수 창본 〈심청가〉의 한 대목을 살핀 것이다. 고어 표기는 필자가 현대어로 수정 인용했으며, 인용 부분에 대해서는 이하 동일하다. 김진영 외, 「김연수 창본 〈심청가〉」, 『심청전 전집』 1, 박이정, 1997, 106-107쪽.

6 김진영 외, 「완판 71장본」, 『심청전 전집』 3, 박이정, 1998, 222쪽.

7 정출헌, 「심청전의 민중정서와 그 형상화 방식」, 최동현·유영대 편, 『심청전 연구』, 태학사, 1999, 332쪽.

8 오세정, 「판소리의 제의적 특성과 구조 연구」, 『한국문학이론과 비평』 17, 한국문학이론과 비평학회, 2002; 심우장, 「효행설화와 희생제의의 전통」, 『실천민속학연구』 10, 실천민속학회, 2007; 이정원, 「심청전에서 '희생제의'로서의 재물 약속」, 『고전과해석』 9, 고전문학한문학연구학회, 2010; 신호림, 「심청전의 계열과 주제적 변주」, 고려대학교 박사학위논문, 2016.

9 르네 지라르 지음, 박무호 옮김, 『폭력과 성스러움』, 민음사, 2000.

10 에드워드 버넷 타일러 지음, 유기쁨 옮김, 『원시문화』 2, 아카넷, 2018, 607-651쪽.

11 [표 1]과 거래 과정에서 심청이 소외되었다는 논의는 이정원, 「심청전에서 '희생제의'로서의 재물 약속」, 42-43쪽 참조.

12 '교환', '증여', '순수증여'에 대해서는 마르셀 모스 지음, 이상률 옮김, 『증여론』, 한길사, 2010; 나카자와 신이치 지음, 김옥희 옮김, 『사랑과 경제의 로고스』, 동아시아, 2017 참조.

13 나카자와 신이치 지음, 김옥희 옮김, 『사랑과 경제의 로고스』, 41쪽.

14 마르셀 모스 지음, 이상률 옮김, 『증여론』, 33쪽.

15 신호림, 「심청전의 계열과 주제적 변주」, 80-82쪽.

16 그런데 심청의 증여 역시도 기실 순수증여에 가 닿은 지점이 있다고 보인다. 심청의 행위는 아버지 은혜(증여)에 증여(답례)를 한 것으로, 즉 증여-답례 사이클 안의 것으로 우선 이해되지만, 심청은 죽음으로써 그 증여 사이클을 끊고 자신의 증여에 대한 답례를 불가능하게 만들었다. 이는 답례를 바라지 않는 증여, 사이클 자체를 이탈한 순수증여에 다가간 것이라 할 수 있다.

17 조현설은 〈바리데기〉와 〈김현감호〉에 대해 증여와 순수증여의 사례로 논의한 바 있다. 조현설, 「무불의 접화와 화해의 서사」, 『민족문학사연구』 50, 민족문학사연구소, 2012; 조현설, 「바리데기와 무의 윤리」, 『국문학회』 37, 국문학연구, 2018.

18 김상환, 「성덕산 관음사 연기설화」, 『부처님이 들려주는 효 이야기』, 조계종출판사, 1995, 157-173쪽.

19 이기운, 「관음신앙의 구조와 신행체계」, 『동아시아불교문화』 31, 동아시아불교문화, 2017, 207-208쪽.

20 이기운, 「관음신앙의 구조와 신행체계」, 215쪽.

21 김상환, 『부처님이 들려주는 효 이야기』, 164쪽.

22 나카자와 신이치 지음, 김옥희 옮김, 『사랑과 경제의 로고스』, 82쪽.

23 이유진, 「판소리 〈심청가〉의 형성에 대한 재론」, 『판소리연구』 23, 판소리학회, 2007, 389쪽.

참고문헌

고은임, 「부녀관계를 중심으로 읽는 〈심청전〉」, 『판소리연구』 50, 판소리학회, 2020.

김상환, 『부처님이 들려주는 효 이야기』, 조계종출판사, 1995.

김우중, 「심청 전승의 형성과 심청굿의 변모 양상 연구」, 경희대학교 석사학위 논문, 2014.

김진영 외, 『심청전 전집』 1~3, 박이정, 1997~1998.

______, 『(서사무가) 심청전집』, 민속원, 2001.

나카자와 신이치 지음, 김옥희 옮김, 『사랑과 경제의 로고스』, 동아시아, 2017.

르네 지라르 지음, 박무호 옮김, 『폭력과 성스러움』, 민음사, 2000.

마르셀 모스 지음, 이상률 옮김, 『증여론』, 한길사, 2010.

신호림, 「심청전의 계열과 주제적 변주」, 고려대학교 박사학위논문, 2016.

심우장, 「효행설화와 희생제의의 전통」, 『실천민속학연구』 10, 실천민속학회, 2007.

에드워드 버넷 타일러 지음, 유기쁨 옮김, 『원시문화』 2, 아카넷, 2018.

오세정, 「판소리의 제의적 특성과 구조 연구」, 『한국문학이론과 비평』 17, 한국문학이론과 비평학회, 2002.

이기운, 「관음신앙의 구조와 신행체계」, 『동아시아불교문화』 31, 동아시아불교문화, 2017.

이유진, 「판소리 〈심청가〉의 형성에 대한 재론」, 『판소리연구』 23, 판소리학회, 2007.

이정원, 「심청전에서 '희생제의'로서의 재물 약속」, 『고전과해석』 9, 고전문학한문학연구학회, 2010.

장덕순, 『국문학통론』, 신구문화사, 1988.

정병설, 『조선시대 소설의 생산과 유통』, 서울대학교출판문화원, 2016.

조현설, 「무불의 접화와 화해의 서사」, 『민족문학사연구』 50, 민족문학사연구소, 2012.
______, 「바리데기와 무의 윤리」, 『국문학연구』 37, 국문학회, 2018.
최동현·유영대 편, 『심청전 연구』, 태학사, 1999.
최재호, 「심청굿에 수용된 심청 서사 수용 요인」, 『인문과학연구』 34, 대구대학교 인문과학연구소, 2010.

전라도의 신화, 소리꾼의 일생

*
*
*

최어진

'이날치' 신드롬과 '날치'의 유래

판소리에 대한 국내외 관심이 뜨겁다. 그 중심에 바로 '이날치(밴드)'가 있다. 이들이 판소리를 대중적으로 재해석한 음악에 파격적인 퍼포먼스를 함께 선보인 한국관광공사 홍보 영상 'Feel the Rhythm of KOREA'(2020)가 세계적 동영상 재생 사이트에 탑재된 후 전 세계의 이목을 집중시켰다는 보도가 연일 쏟아져 나왔다. 판소리가 몇 차례 부흥의 기회를 맞은 적이 있기는 하지만, 이처럼 열렬하게 세계적으로 전 세대의 관심을 두루 받은 적은 처음인 것 같다. 그야말로 판소리에 대한 관심이 최대치에 이르렀다고 할 수 있을 것이다.

그런데 여기서 묻고 싶은 것이 있다. '이날치(밴드)'에 열광하는 사람들 중에서 과연 이 가수의 이름이 어디서 온 것인지 알고 있는 사람은 얼마나 될까 하는 점이다. '이날치(1820~1892)'는 판소리사에서 말하는 '후기 8명창'의 한 사람으로, 서편제를 대표하는 소리꾼이다. '이날치(밴드)'의 이름은 바로 이 소리꾼에게서 왔다. '날치'라는 이름은 한 번 들으면 잊기 어려운데, 흥미롭게도 소리꾼 이날치의 본명은 '경숙'이다. 그렇다면 그는 왜 '날치'가 되었을까? 그의 이름에 얽힌 이야기가 따로 전해지고 있을까? 판소리를 부르거나 듣는 사람들은 이 문제에 관심이 있을까? 이 글은 바로 이러한 질문에서 시작되었다.

전라도에 전하는 소리꾼들의 이야기

전라도는 판소리의 고장이다. 전라도가 판소리의 고장이라는 것은 가장 우선적으로는 판소리가 바로 이 지역에서 시작되었음을 뜻한다. 판소리의 기원과 관련해서는 전라도 지역의 무가 집안에서 시작되었다는 주장이 가장 설득력을 얻고 있다. 이런 까닭으로 판소리 작품의 배경은 대개 전라도 지역으로 설정되어 있다. 〈춘향가〉, 〈흥보가〉, 〈변강쇠가〉 등의 이야기는 모두 남원에서 시작된다.

여기에 더해 수많은 소리꾼이 바로 이 지역에서 나고 자랐으며, 이 지역을 근거지로 삼아 활동을 벌였다는 뜻이기도 하다. 정노식의 『조선창극사』(1940)[1]에는 당대 활동했던 소리꾼들의 간략한 전기(傳記)가 실려 전하는데, 여기에 이름을 남긴 소리꾼의 대부분이 전라도 출신이다. 소리꾼은 아니지만 판소리 사설을 정리하고 소리꾼을 양성하는 데 평생을 바쳐 판소리사에서 가장 중요한 인물로 꼽히는 동리 신재효(桐里 申在孝, 1812~1884) 역시 고창 출신이다. 물론 다른 지역에서 태어난 소리꾼도 있다. 그런데 이들도 대개 전라도에서 소리를 배우거나 활동한 이력을 지니고 있다. 전라도는 명실공히 판소리의 고장이자 모든 소리꾼들의 고향이라 해도 틀리지 않을 것이다.

그래서인지 전라도에는 유독 소리꾼이나 판소리와 관련된 이야기들이 많이 전해진다. 『조선창극사』 외에도 구비설화를 수집·채록한 여러 자료나 소리꾼의 일생에 대한 연구서 등을 통해 매우 다채로운 이야기들이 풍부하게 전해지고 있다. 그야말로 소리꾼들의 이야기는 도처에 자리하고 있다.

적어도 20세기 초까지 소리꾼들이 당대 최고의 예능인이었던 점을 상기하면 이와 같은 현상이 그리 놀랍지는 않다. 오늘날에도 예능인들의 일거수일투족은 대중들의 관심거리가 된다. 특기할 점은 이들의 이야기가 오늘날 예능인들의 사생활을 둘러싸고 끊임없이 양산되는 부정적인 내용들의 가십(gossip)과는 그 양상이 매우 다르다는 데 있다. 특히 판소리의 고장으로서 전라도 지역에 전하는 소리꾼 이야기에는 판소리와 소리꾼에 대한 이 지역 사람들의 이해 방식이 고스란히 녹아들어 있다. 따라서 이 이야기들에 주목하는 과정은 판소리 문화로 대표되는 전라도 지역 특유의 문화에 다가가는 작업이 될 수 있다.

소리꾼과 관련한 이야기들은 이미 여러 차례 소개되기도 했거니와 모든 이야기를 다 소개하는 것은 가능하지도 않을 것이므로, 이 글에서는 소리꾼의 '일생'을 중심축으로 삼아, 관련 이야기들이 조명하고 있는 국면들을 다음과 같이 나누어서 살펴보려고 한다.[2] '출생 – 명창이 된 내력 – 실력과 소리 공부 – 특이한 행적 – 죽음과 죽음 이후'가 바로 그것이다. 이제 그들의 삶 속으로 들어가보자.

1) 출생

소리꾼의 탄생과 관련하여 가장 널리 알려진 이야기는 권삼득에 관한 것일 듯하다. 권삼득은 문헌에 이름이 남아 있는 최초의 명창이

[사진 1] 매미터 (순창군 적성면 운림리)

면서 양인 출신인 까닭에 판소리사에서 매우 중요한 소리꾼에 속한다. 관련된 이야기도 아주 많이 전해지고 있어 논의 또한 풍부한 편이다.[3]

권삼득은 '매미혈'의 정기를 타고 태어나 명창이 되었다고 한다.[4] 권삼득의 할아버지 묏자리를 매미혈에 썼다는 것이다. 이 매미혈은 바로 그가 태어난 완주군 용진면 구억리 작약골에 있다. 그런데 비슷한 이야기가 장득진과 이화중선, 박복남이 살았다는 순창군 적성면 운림리에도 전해진다.[5] 그곳은 '매미터'로 불린다. 매미가 여름 한철 내내 큰 소리로 우는 곤충이기 때문에 매미혈(매미터)에서 노래 잘하는 명창이 나는 것이라 생각했던 듯하다.

한편 신재효도 탄생과 관련한 일화가 남아 있다.[6] 신재효의 어머니였던 경주 김씨가 나이 40이 넘도록 자식을 얻지 못하다가 기자치성을 드리고 어렵게 얻은 자식이 신재효라는 것이다. 그런데 11삭이 넘도록 아이가 태어나지 않아 큰 인물이 날 것이라 여겼는데, 결국 임신년 임신일(11월 16일)에 신재효가 태어났다고 한다. 이는 어렵게 얻은 고귀한 존재로서 신재효를 이해하려는 이야기로 생각된다. 박초월 역시 부친이 꿈에 눈썹 같은 초승달을 보고 모친을 찾아가 밤을 보낸 후에 태어났다는 이야기가 전해진다.[7] 명창의 출생에 관한 이야기들은 그들이 대개 신묘한 기운과 정기를 받아 태어났다고 말하는 공통점을 보인다.

2) 명창이 된 내력

권삼득이 어렸을 때 고개를 넘어 서당에 다녔는데, 한 여인이 자꾸 입을 맞추면서 구슬을 입안에 넣어주었다는 이야기는 『한국구비문학대계』에 수록되어 있다.[8] 권삼득이 구슬을 삼켜 명창이 되었다는 것인데, 이 이야기는 이후로도 여러 차례 소개되어 항간에 제법 알려진 듯하다. 이야기 속 묘령의 여인은 권삼득이 구슬을 삼키자 이내 여우로 변했다고 하므로 귀신 같은 신이한 존재로 이해해도 무방할 것이다. 그러니까 권삼득이 명창이 된 까닭은 귀신이 그를 점지한 결과라는 것이다.

이 이야기에 주목해보면 권삼득은 소리꾼이 될 운명을 타고난 것으로 이해되지만, 정작 소리꾼이 되는 일은 순탄치 않았다. 『조선창극사』에는 소리를 하고 다니는 권삼득이 가문의 명예를 훼손한다는 이유로 그의 부형(父兄)이 그를 죽이려고 했다는 이야기가 전해진다. 그런데 권삼득이 노래를 부르며 소리꾼으로 일생을 마치기를 애원하자 허락할 수밖에 없었다는 것이다.[9] 한편 권삼득의 부친 권래언은 집을 짓고 당호를 '이우당(二憂堂)'으로 정하면서, 자신의 '두 가지 걱정거리[二憂]' 중 하나로 둘째 아들 권삼득이 술과 음악에 빠진 것을 들었다는 기록도 남아 있다.[10] 그러나 결국 권삼득은 명창이 되었다. 명창으로서 권삼득의 삶은 운명으로 주어진 결과라기보다는 그가 스스로 개척해낸 결과로 보아야 할 것이다.

소리꾼이 된 기구한 사연이 전하는 소리꾼들이 더러 있다. 『조선창극사』에 따르면, 본래 고수였던 송광록은 형인 송흥록이 자신보다 훨씬 좋은 대접을 받는 데 울분을 느껴 소리꾼이 되었다고 하고, 장재백은 부인이 자신의 기량이 부족하다는 이유로 다른 사람의 첩이 되어버리자 이에 절치부심하여 명창이 되었다고 한다.[11] 한편 앞서 언급했던 이날치는 특히 더 고단했던 삶이 알려져 있다. 초창기 판소리 연구자인 박황은 저서 『판소리 이백년사』에서 다음과 같이 이날치에 관한 일화를 소개하기도 했다.

> 이날치는 처음에는 줄타기 명인이었는데, 그의 타고난 음악적 재질은 판소리에 뜻을 가지게 되어 박만순의 수행고수로 전환하였다. 박만순과 기거를 같이하면서 그의 창제와 기예의 수법을 보고 들으며 수련하는데, 박만순이 어떻게나 오만한지 그 뜻을 맞추기 어려운 데다가, 10년 연장자인 이날치를 고수라고 경멸하여 온갖 시중을 들게 하고 심지어 세숫물, 발 씻는 물까지 시키는데, 이날치는 그만 울화통이 터져서 "더러운 고수 노릇 그만 한다." 하고 발 씻던 물을 박만순의 얼굴에 쏟아버리고 가버렸다.[12]

이 일화에는 이날치가 줄타기 명인에서 고수로, 다시 소리꾼이 되기까지 겪은 많은 우여곡절이 담겨 있다. 단 몇 줄의 서술이지만 그가 겪었을 멸시와 고초가 고스란히 느껴진다. 하지만 이날치는 끝내 명창이 되었다. 명창이 되었으니 전일에 겪은 고생들이 오히려 빛을 발하게 되었을 것이다.

3) 실력과 소리 공부

소리꾼과 관련하여 전하는 여러 이야기들 중에서 가장 관심이 가는 것은 바로 그 기량에 대한 내용이다. 소리꾼은 예술가이기 때문이다. 특히 '명창'이라고 하면 도대체 그 실력이 어느 정도였는지 자연

관심이 생긴다. 기량이 뛰어나 일약 스타덤에 올랐다든가, 돈을 많이 벌었다든가 하는 이야기는 평범한 축에 속한다.

뛰어난 실력 때문에 이름까지 새로 얻은 소리꾼들이 있다. 박유전의 호는 강산(江山)이며, 그로부터 시작된 소리를 강산제라고 부른다. 그의 호가 '강산'이 된 것은 박유전의 소리를 들은 흥선 대원군이 "네 소리가 제일강산이다."라고 한 데서 비롯했다고 한다.[13]

앞서 밝혔듯이 이날치의 본명은 '경숙'이고 '날치'는 예명이었다. 흔히 이 이름이 줄타기를 날쌔게 잘해서 얻은 것이라고 하지만, 박황의 『판소리 이백년사』에는 다른 이야기가 전해진다. 박황은 이날치가 박만순의 고수 시절 부당한 대우를 못 견디고 박차고 나온 일을 언급하면서, '날치'라는 이름이 바로 칼날 같은 성격에서 왔다고 했다.[14] 그런데 그가 줄타기 광대였던 이력이 있는 데다가, 유독 〈새타령〉을 잘 불러서 노래를 부를 때면 진짜 새가 따라 들어오기도 했다는 일화가 전해지고 있음을 상기했을 때, '날치'라는 이름이 그의 기량과 무관하다고 보기는 어려울 듯하다. 줄을 타거나 소리를 하는 형상이 진짜 새처럼 날쌨기 때문은 아니었을까 추측해볼 수 있을 것이다.

임방울은 본명이 '승근'이었다고 하는데, 소리꾼으로 본격적인 활동을 하면서부터는 임방울이라는 예명을 사용했다. 흔들면 소리가 나는 '방울'이 소리꾼에게는 더없이 좋은 이름이라고 여겼기 때문일 것이다. 오늘날 판소리에 대해 전혀 모르는 사람이라도 '임방울'을 기억하곤 하는데, 여기에는 그의 이름도 큰 몫을 한다.

'임방울'이라는 이름의 유래에 대해서는 『한국구비문학대계』에도 관련 이야기가 전해진다.

어뜩해서 임방울이라 했냐며는, 옛날에는 방울을 해왔어. 목에다 방울이 달아졌네. 고리 달아서 하면 달랑 달랑 달랑 네맹이로 방울을 차고 댕겼단 말여. 그러닝께 하두 방울을 차고 곱게 놀아. 임방울이가. 그러니께 니가 방울이라 하자 임대식이는 그만 두고 임방울이라 하자. (후략)[15]

'임방울'이라는 이름은 그가 방울을 차고 노는 모습에서 비롯했다는 것이다. 이러한 이야기가 전해지게 된 데는 임방울과 그의 이름에 대한 사람들의 관심이 크게 작용을 했을 것이다.

한편 전주 지역에서 활동했던 소리꾼 홍정택도 '방울'이라는 별명을 얻었다.[16] 홍정택이 '홍방울'이 된 것은 그가 임방울의 소리를 잘 배웠기 때문이기도 하지만, 그의 출중한 실력에 대한 세간의 관심이 반영된 결과이기도 할 것이다.

몇몇 소리꾼과 관련해서는 그들의 소리 실력이나 행적이 인간의 것을 넘어섰음을 보여주는 이야기가 전해진다. 『조선창극사』에 따르면 모흥갑의 소리는 십 리 밖에서도 들렸다고 하며, 이날치 역시 나팔소리나 인경 소리를 그대로 재현해내 청중의 큰 호응을 받았다고 한다.[17] 송흥록이 〈춘향가〉 옥중가의 한 대목인 '귀곡성'을 수련하던 중에 귀신을 만나 그로부터 소리를 배웠다는 이야기가 소리꾼 박봉술에 의해 술회된 적도 있다.[18] 송흥록이 진주 촉석루에서 귀곡성을 부를 때에는 실제 귀신 울음소리가 하늘에서 들려오고 바람이 몰아치는 등 초자연적 현상이 일어났다는 이야기도 있다.[19]

어떤 분야에 투신하는 사람들이 대개 그렇듯, 소리꾼 중에는 기량을 타고난 경우도 많았으나, 각고의 노력으로 힘겹게 실력을 쌓아간 경우도 많았다. 흔히 '득음'이라고 하는 것은 목에서 피를 토해낸 후에야 가능하다고 하는데, 이것은 진짜 목에서 피가 나와야 한다는 뜻이라기보다 훌륭한 소리꾼의 자질이 '피나는' 노력을 통해야 얻어질 수 있다는 의식의 소산으로 보는 것이 타당하지 않을까 한다. 진짜로 목에서 피가 나온다면 노래는커녕 다시 말을 하기 어려울지도 모른다. 그럼에도 불구하고 목에서 피를 토해내고 득음의 경지에 이르렀다는 소리꾼의 이야기는 무수히 많다. 『조선창극사』에 실린 송흥록의 이야기를 보자.

> 송 씨가 처음 공부를 마치고 세간에 나와서 명성이 원근에 퍼지자 대구 감영에 불려가서 소리를 하는데, 명창이란 칭찬이 만좌에 넘쳤으되 인물과 가무의 일등 명기로 당시 수청으로 있는 맹렬의 입에서는 한마디 잘, 잘못의 평이 없었다. (중략) 그리하여 송 씨는 맹렬에게 어젯밤 소리판에서 한마디의 평이 없은 것을 물으니, 맹렬은 웃고 그대의 소리가 명창은 명창이나 아직도 미진한 대목이 있으니 피를 세 동우는 더 토하여야 비로소 참 명창이 되리라고 한다. 송 씨는 그 길로 자기 고향인 비전으로 돌아와 그곳 폭포 밑에서 다시 공부를 시작하고 목을 얻으려고 소리를 지르는데, 며칠을 지난즉 목이 아주 잠겨서 당초에 터지지 아니한다. 그렇게 석 달을 고생하다가 하루는 목구멍이 섬섬거리며 검붉은 선지피를 토한 것이 거의 서너 동우 폭이나 되었다. 따라 목이 터지기 시작하여 필경 폭포 밖으로 소리가 튀어나게 되었다.[20]

목에서 피를 세 동이나 토해낸 송흥록의 소리는 비로소 폭포를

뚫는 경지에 이르렀다고 한다. 이 이야기에서 진짜 주목해야 할 점은 피를 토해냈다거나 폭포수를 뚫었다거나 하는 이야기의 진위 여부가 아니라, 송흥록이 명창이 된 후에도 주위의 평가에 귀를 기울이고 또 노력을 그치지 않았다는 점이 아닐까? 그가 '가왕(歌王)' 칭호를 얻은 것은 예술 세계를 향한 끝없는 집념과도 무관치 않을 것이다.

현전하는 소리꾼들의 이야기 속에서 그들은 대개 자신의 예술 세계를 완성하기 위해 부단히 노력하는 형상으로 그려진다. 이른바 '명창'들과 관련해서는 하나같이 소리공부를 위해 산속으로 들어갔다거나 굴속으로 들어갔다는 이야기들이 전해진다.

몸이 아파 고생하면서도 끝내 수련을 멈추지 않았다는 이야기도 주목해볼 만하다. 초기 명창 김성옥이 '산송장'마냥 병석에 누워 있으면서도 '진양조'를 창안하는 한편, 아들 김정근에게 판소리 전수를 멈추지 않았다는 이야기[21]에서 명창으로서 김성옥의 집념과 노력이 고스란히 느껴진다. 현대 최고의 소리꾼으로 꼽히는 박동진 명창이 소리공부 중에 병이 나자 인분을 거른 물을 먹어가며 수련을 멈추지 않았다는 이야기는 그야말로 전설처럼 회자된다. 어떤 분야에서든 일정한 경지에 이르기 위해서는 이처럼 '피나는' 노력이 필요하다는 시각, 훌륭한 소리꾼은 끝까지 그 노력을 멈추지 않는다는 시각이 이 이야기들에서 보인다.

4) 특이한 행적

소리꾼 이야기 중에는 소리와 직접적인 관련이 없는 것도 더러 있는데, 그 '성품'이 서사화된 경우를 들 수 있다. 김세종이 행동에 품위가 있고 유식하여 흥선 대원군조차 (말을) '하라' 하지 않고 '하게' 하면서 대우했다거나, 유성준이 소리를 가르치다가 마음에 안 들면 제자를 향해 목침을 던지기도 했다는 등의 이야기들이 해당된다.[22]

정노식은 『조선창극사』에서 박만순이 대원군의 부름을 받아 서울로 가던 길에 조병식이라는 양반이 소리를 청하자 거부했다는 이야기를 소개하면서, 그가 교만이 심하다고 말하기도 했다.[23] 역시 『조선창극사』에 송흥록은 성격이 이상하고 오만해서 타인과 어울리기가 곤란한 인물로 기록되어 있다.[24] 이 이야기들은 소리꾼의 성품 자체를 평가하기 위한 것이라기보다는, 그들의 성품과 예술세계를 연결시켜 이해하고자 하는 의식의 소산이라고 생각된다. 실제 이들의 소리에서는 그가 지녔던 성품이 묻어난다고 평가되기도 한다.

소리를 잘하는 데다가 기지도 뛰어나서 죽을 고비를 넘겼다는 이야기도 눈에 띈다. 이를테면 임방울이 일본군을 만나 죽을 위기에 처했는데, 그가 슬픈 대목을 노래하자 감동하여 살려주었다는 것이다.[25] 임방울의 '더늠'이자 판소리사상 가장 유명한 대목 중 하나인 〈춘향가〉의 '쑥대머리'가 홀로 옥에 갇혀 이 도령을 그리워하는 춘향의 절절한 마음이 담긴 곡임을 상기하면, 슬픈 소리가 일본군의 마음을 움직였다는 이야기는 제법 그럴듯하게 느껴진다.

소리꾼들이 당대 얼마나 인기가 많았는지 짐작케 하는 일화들도 있다. 조선 최초의 여성 소리꾼 진채선이 흥선 대원군으로부터 총애를 받았다는 이야기는 매우 유명하다. 진채선을 발굴하고 후원했던 신재효 역시 그를 향해 연모의 마음을 품었던 것으로 알려져 있으며, 그 마음이 〈도리화가〉라는 노래로 남아 있다.[26] 물론 진채선이 그들을 어떻게 생각했는지에 대해서는 전하는 이야기가 없다. 다만 이 이야기에 대한 대중의 관심은 현대에까지 이어져, 2015년에 동명의 영화 〈도리화가〉(이종필 감독)로 제작되기도 했다.[27]

5) 죽음과 죽음 이후

사람들은 유명인들의 말로(末路)에 대해 관심이 많다. 삶이 화려할수록 죽음은 초라할 것이라고 여기기도 한다. 이것은 일종의 보상심리 같은 것일지 모른다. 평범한 우리의 삶은 대개 화려함과는 거리가 멀기 때문이다. 그런데 대중이 기억하는 소리꾼들의 죽음은 비참하거나 초라한 것은 아닌 듯하다. 역사에 이름을 남긴 소리꾼들은 죽음마저 평범하지 않다.

신재효는 11삭 만에 임신년 임신일에 태어나서는 갑신년에 돌아갔다고 한다. 성도 신(申) 씨이고 보니 이와 관련된 이야기에서는 "신씨가 신년 신시에 태어나서 신년 신시에 사망"했다며 "기적을 낳은 사람"이라고 불리게 되었다.[28]

[사진 2] 권삼득의 소리굴

사후(死後)에도 그 소리가 울려퍼졌다는 소리꾼도 있다. 이를테면 송흥록이 살았던 비전리를 지날 때면 "내 소리 받아가거라."라고 외치는 소리가 들린다고 한다.[29] 권삼득 묘 근처의 소리굴에서도 비슷한 소리가 들리며, 그 구멍을 메우고 메워도 계속 뚫어진다고도 한다.[30] 소리꾼은 죽었지만 그 소리는 영원히 이어지리라는 소망과 기대가 담긴 이야기로 생각해도 무리는 아닐 것이다.

민중의 대변자, 소리꾼

소리꾼들의 '일생'은 대중의 관심을 받아왔고, 그 관심은 이렇듯 다양한 이야기로 남아 전해지고 있다. 이와 관련하여 소리꾼들은 신분이 특이한 데다가 삶에 극적인 요소가 많아 설화화에 적합했으리라는 지적은 경청할 만하다.[31] 당대 소리꾼들의 실제 삶이 여러 면에서 녹록치만은 않았으리라는 점 역시 충분히 짐작할 수 있다.

그러나 소리꾼의 일생과 관련한 이야기들에서 우리의 흥미를 끄는 부분이 생애의 구체적인 면면이나 그 기구함에만 있는 것은 아니다. 이 이야기들에 사실로 믿기 어려운 내용들이 더러 있다는 점에 대해 새삼 강조할 필요는 없을 것이다. 그렇다면 이 이야기들이 어떻게 항간에 퍼져서 오늘날까지 전해지고 있는지에 대해 더 큰 관심이 생기지 않는가? 따라서 이 글에서는 소리꾼의 삶 자체보다, 그들의 삶을 끊임없이 서사화하고 전승하는 전승 주체, 민중에게로 관심을 돌려보려고 한다. 당대 민중이 소리꾼들의 삶을 어떻게 이해했는가 하는 점이 바로 이 이야기들에 담겨 있을 것이기 때문이다.

이상의 점에 유념하면서 지금까지 살펴본 이야기들을 다시 한번 요약해보자. 그 결과는 '① 기이하게 혹은 어렵게 태어남, ② 천부적인 재능을 타고나거나 소리꾼이 될 운명을 지님, ③ (그러나) 명창이 되기까지 갖은 고초를 겪음, ④ (그럼에도 불구하고) 끈질긴 노력으로 명창이 됨, ⑤ 신이한 행적을 남기고 죽거나 죽어서도 소리를 남김' 정도가 될 것이다. 마치 한 사람의 일생의 축약본과도 같아진 이 이야기들은, 신화를 비롯한 우리 옛이야기에 두루 보이는 '영웅의 일생(一生)' 구조와 상통하는 면이 적지 않아 보인다. '영웅의 일생'은 다음과 같은 단락으로 이루어져 있다.

> ① 고귀한 혈통, ② 비정상적 출생, ③ 탁월한 능력, ④ 어려서 기아(棄兒), ⑤ 구출 및 양육자와의 만남, ⑥ 자라서의 위기, ⑦ 극복과 승리[32]

소리꾼의 삶을 굳이 영웅의 일생 구조에 일일이 대응해보지 않더라도, 그들은 자신만의 예술 세계를 갈고 닦아 명창의 반열에 오른 인물이라는 점에서 영웅적이라고 말할 수 있을지 모른다.[33] 그들의 성취는 실로 평범함을 넘어서는 데가 있다. 다만 우리의 이야기 전통에서 '영웅'이라 불리는 인물들은 대개 집단적 가치를 실현시키는 역할을 한다는 점도 고려해보아야 할 것이다. 예술가로서 지극히 개인적인 성취에 몰두했던 그들의 삶이 영웅의 일생을 닮게 된 연유를 보다 근본적인 차원에서 검토해야 하는 까닭이 여기에 있다. 그리고 이 해답은 바로 그들이 '판소리' 창자라는 점에서 찾을 수 있을 것이다.

판소리는 서민예술이다. 판소리에는 민중 특유의 해학과 생명력이 고스란히 담겨 있다. 판소리가 조선 후기에 대대적인 흥행을 이룬 것은 그 속에 담긴 이야기의 성격과 무관하다고 보기 어렵다. 판소리에서는 평범한 사람이 주인공으로 등장하기 때문이다. 요컨대 판소리는 민중의 삶을 닮았고, 따라서 그것을 부르는 소리꾼은 민중의 삶의 대변자가 된다.

일상의 삶에서 소리꾼은 민중의 일부라는 점도 기억할 필요가 있다. 따라서 소리꾼이 날 때부터 신이한 존재였으며 여러 어려움이 있기는 했지만 끝내 극복해내고 명창이 되었다는 이야기들은, 평범해 보이는 민중이 사실은 모두 고귀하며 그들의 삶 역시 끝내 승리하리라는 것을 예견하게 한다고 볼 수 있다. 판소리 속 주인공들이 끝내 행복해지는 것과 같은 맥락에서 말이다.

한편 여러 이야기 속에서 소리꾼들은 실력이 어떠하든 간에 자신이 원하는 경지에 도달하기 위해 포기하지 않고 끝까지 노력하는데, 그런 정신이야말로 민중의 끈질긴 생명력을 닮아 있기도 하다. 그렇다면 소리꾼들의 삶을 이야기로 만들고 전하게 된 의식의 기저에는 그들의 '비범함'이나 '특별함'이 아니라, 그 이면의 '평범함'이 더욱 강력하게 자리하고 있었던 것은 아닐까? 민중 자신과 닮은 바로 그 모습 말이다.

이러한 점을 극명하게 드러내는 이야기가 신재효와 관련해 전해진다. 신재효가 고창에서 소리꾼들을 후원하며 공연을 벌일 때 입구에 무지개 형상의 문을 만들어 두었는데, 소리꾼들의 소리를 들으러 오는 고관대작들이 그 문을 지날 때마다 허리를 굽히고 고개를 숙일 수밖에 없었다는 것이다.[34] 이 이야기가 조선의 민중을 거쳐 오늘날 우리에게까지 전해지게 된 데는 그 속에 담긴 민중의 '승리감'이 중요하게 작용했으리라 짐작해볼 수 있다. 소리꾼들의 승리는 곧 민중의 승리였던 것이다. 사실이 그렇다는 것이 아니라, 민중이 그렇게 믿고 또 소망했다는 것이다. 소리꾼들의 삶을 고귀하게 여기고 그들을 신이한 존재로 인식했던 이야기들은 바로 이렇게 만들어지고 또 오늘날까지 전해졌을 것이다.

소리꾼의 일생, 신화가 되다

소리꾼들의 생애와 관련된 자료는 전하는 것이 거의 없다. 따라서 항간에 전해지는 이야기들의 진위 여부를 따지거나 사실관계를 파악해 보는 것은 판소리사나 문화예술사를 구성하는 데 매우 큰 의미가 있을 것이다. 여기에서 다룬 소리꾼들은 모두 이미 세상을 떠났지만, 사실과 다른 이야기를 전파하는 것이야말로 고인의 삶과 예술 세계에 대한 모독일 가능성도 있다. 그러나 소리꾼들의 이야기를 만들고 전하는 민중들의 입장에서 본다면, 어디까지가 사실이고 어디서부터가 허구인지를 밝히는 일은 별로 의미가 없을지도 모른다. 이야기를 만들고 전하며 기억하는 그 행위 자체에 더 큰 의미가 있다고 볼 수 있을 것이기 때문이다. 이것이 바로 소리꾼을 비롯한 수많은 민속 음악가들이 이름을 남기는 방식이기도 하다.[35]

현재 전라북도 남원에는 '판소리 성지(聖地)'가 구축되어 있다. '성지'라는 용어는 주로 종교적인 의미로 사용된다. 판소리 문화가 전북 지역 사람들에게 일종의 종교처럼 인식되고 있다고 보아도 크게 틀리

[사진 3] 판소리 성지 (전북 남원)

지는 않을 듯하다. 판소리 성지에는 북의 형상을 한 납골당이 조성되어 있는데, 원한다면 소리꾼 누구나 이곳에 안장될 수 있다고 한다. 마치 성인들의 묘역이 따로 있는 것처럼 말이다.

한편 '태조로'나 '충무공로', 또는 '서동로' 등 우리 역사와 신화 속 영웅들의 이름을 딴 길이 있는 것처럼, 소리꾼들의 이름을 딴 길이 전국 각지에 뻗어 있다. '권삼득로(전북 전주시)', '임방울대로(광주광역시)'나 '박록주로(경북 구미시)' 등이 그 예이다. 전라도뿐 아니라 소리꾼이 나고 자랐거나 활동했던 곳곳마다 지역축제를 벌이고 소리꾼의 삶을 기리는 경연대회를 연다. 소리꾼이 태어나거나 살았던 곳은 유적지가 되어 오늘날에도 많은 이들이 찾고 있다.

이와 같은 행위는 모두 민중의 일부이자 민중의 대변자로서 그들의 삶을 기억하기 위함일 것이다. 전승 주체들을 통해 그들의 삶이 기억되는 한, 소리꾼들은 신성하고 고귀한 삶의 주인공, 즉 영웅으로 남을 것이다. 이야기 속에서처럼 날 때부터 신묘했으며 죽을 때까지 기이했던, 어려움을 이겨내고 큰 성취를 이룬 삶 말이다. 그렇다면 이제 우리는 그들의 일생을 '신화'라고 부를 수도 있을 것이다.

주

1 정노식, 『조선창극사』, 조선일보사 출판부, 1940.

2 정노식의 『조선창극사』를 포함하여 다음과 같은 자료와 저서에 실린 구비설화, 소리꾼 관련 이야기를 주로 다룬다. 『한국구비문학대계』 5~6(전라북도, 전라남도 편), 한국정신문화연구원, 1980~1988; 한국구비문학대계(https://gubi.aks.ac.kr/); 황인덕, 『완주의 구전설화』, 신아출판사, 2001; 박황, 『판소리 이백년사』, 사사연, 1987; 이보형, 「초기의 명창들」, 최동현·유영대 편, 『판소리 동편제 연구』, 태학사, 1998; 최동현, 『명창 이야기』, 신아출판사, 2011 등. 한편 김기형은 명창과 관련된 설화들을 신분 문제, 수련 과정, 기량, 재치 등에 따라 나누어 그 전승 양상을 살핀 바 있다. 김기형, 「명창설화의 전승양상과 의미」, 『판소리 연구』 23, 판소리 학회, 2007 참조.

3 김기형, 「판소리 명창 권삼득의 생애와 설화화 양상」, 『판소리연구』 33, 판소리학회, 2012; 최동현, 「권삼득 명창에 관한 사실과 허구」, 완주예총 주최 '권삼득 명창에 관한 사실과 허구' 세미나 강연자료, 2019. 7. 등.

4 제보자 안상렬, 「매미혈의 명기를 타고난 권삼득」(전북 완주군 용진면 상운리, 2001. 9. 1.), 황인덕, 『완주의 구전설화』, 364-365쪽.

5 최동현, 「권삼득 명창에 관한 사실과 허구」, 10쪽.

6 제보자 김상만, 「신재효의 출생과 성장」(전북 고창군 대산면 갈마리, 2012. 2. 4.), 한국구비문학대계(https://gubi.aks.ac.kr/) 음원. 같은 이야기가 신재효의 장손 신찬영이 쓴 「동리조고행록(桐里祖考行錄)」에도 있다. 이 기록에 대해서는 강한영, 「인간 신재효의 재조명」, 서종문·정병헌 편, 『신재효 연구』, 태학사, 1997, 40-41쪽 참조.

7 제보자 박영배, 「명창 박초월의 출생담」(전남 순천시 서면 선평리 강청마을, 2017. 1. 12.), 한국구비문학대계(https://gubi.aks.ac.kr/) 음원 및 자막.

8 제보자 채규하, 「권삼득이 명창이 된 유래」(전북 옥구군 개정면 발산리, 1982. 8. 4.), 『한국구비문학대계』 5-4, 448-450쪽.

9 정노식, 『조선창극사』, 18-19쪽.

10 최동현 옮김, 「이우당기·근제이우당서후」, 『판소리연구』 6, 판소리학회, 1995.

11 정노식, 『조선창극사』, 35-36, 104쪽.

12 박황, 『판소리 이백년사』, 119쪽.(필자가 띄어쓰기 및 문장 부호 등 수정)

13 최동현, 『명창 이야기』, 65쪽.

14 박황, 『판소리 이백년사』, 119쪽.

15 제보자 정진봉, 「임방울 일화」(전남 화순군 북면 와천리, 1984. 7. 26.), 『한국구비문학대계』 6-9, 754-756쪽. 임방울의 본명을 '임대식'이라고 한 것은 착오로 보인다.

16 최동현, 『명창 이야기』, 142쪽.

17 정노식, 『조선창극사』, 28, 69-70쪽.

18 이보형, 「초기의 명창들」, 278-279쪽.

19 박황, 『판소리 이백년사』, 66쪽.

20 정노식, 『조선창극사』, 21쪽.(필자가 한자를 한글로 바꾸고 띄어쓰기 및 표기법 등 수정)

21 박황, 『판소리 이백년사』, 59-60쪽.

22 최동현, 『명창 이야기』, 47, 102쪽.

23 정노식, 『조선창극사』, 57-58쪽.

24 정노식, 『조선창극사』, 23쪽.

25 제보자 최현섭, 「일본군을 감동시킨 임방울」(광주광역시 서구 덕흥동, 2018. 3. 6.), 한국구비문학대계(https://gubi.aks.ac.kr/) 음원 및 자막.

26 제보자 김상만, 「신재효와 진채선」(전북 고창군 대산면 갈마리, 2012. 2. 4.), 한국구비문학대계(https://gubi.aks.ac.kr/) 음원; 제보자 조용구, 「진채선과 신재효」(전북 고창군 신림면 송용리, 2012. 3. 21.), 한국구비문학대계(https://gubi.aks.ac.kr/) 음원 및 자막.

27 경북 선산 출신의 박록주에 대해서도 유명한 이야기가 있어 소개한다. 〈봄봄〉, 〈동백꽃〉으로 잘 알려진 소설가 김유정이 학생 시절에 당시 대스타였던 박록주에게 일방적으로 구애를 했으나 끝내 박록주가 받아주지 않았다는 것이다. 김유정은 박록주에 대한 이야기를 자신의 소설 〈두꺼비〉(1936) 등에 남기기도 해서, 후에 그 내용의 진위 여부가 세간의 큰 관심을 받았다. 박록주와 김유정의 이야기는 김석배, 『판소리 명창 박록주』, 애드게이트, 2020, 21-32쪽 참조.

28 제보자 김상만, 「신재효의 출생과 성장」, 한국구비문학대계(https://gubi.aks.ac.kr/) 음원.

29 전라남도 보성에 있는 박유전의 무덤에서도 비슷한 소리가 들려온다고 한다. 최동현은 이 이야기들을 소개하면서 "내 소리 받아가거라"라는 외침 속에 구두전승 예술로서 판소리에 대한 이해가 담겨 있음을 지적하기도 했다. 최동현, 「권삼득 명창에 관한 사실과 허구」, 12쪽.

30 박황, 『판소리 이백년사』, 55쪽; 이보형, 「초기의 명창들」, 267쪽.

31 김기형, 「명창설화의 전승양상과 의미」, 227쪽.

32 조동일, 「영웅의 일생, 그 문학사적 전개」, 『동아문화』 10, 서울대학교 동아문화연구소, 1971, 169쪽에 있는 것을 간단히 정리하였다.

33 임방울의 '위대한 예인'적 면모가 강조되는 이야기들에 주목해 그를 문화적 영웅으로 본 경우도 있다. 김월덕, 「전북지역 구비설화에 나타난 영웅인식」, 『구비문학연구』 4, 한국구비문학회, 1997 참조.

34 제보자 김상만, 「열네 칸 줄행랑이 있던 신재효의 집」(전북 고창군 대산면 갈마리, 2012. 2. 4.), 한국구비문학대계(https://gubi.aks.ac.kr/) 음원. 무지개 모양의 문(門)에 대해서는 신재효가 직접 남긴 가사 〈단잡가(短雜歌)〉에서도 확인해볼 수 있다.
"고창 읍내(高敞邑內) 홍문(虹門) 거리 투춘(偸春)나무 무지기 안/ 시내 우에 정자(亭子) 짓고 정자 곁에 포도(葡萄) 시렁/ 포도 끝에 연(蓮)못이라." 신재효 지음, 정병헌 옮김, 『신재효의 가사』, 지만지, 2019, 214쪽.

35 최동현, 「권삼득 명창에 관한 사실과 허구」, 12쪽.

참고문헌

『한국구비문학대계』 5~6(전라북도, 전라남도 편), 한국정신문화연구원, 1980~1988.

김기형, 「명창설화의 전승양상과 의미」, 『판소리연구』 23, 판소리학회, 2007.
______, 「판소리 명창 권삼득의 생애와 설화화 양상」, 『판소리연구』 33, 판소리학회, 2012.
김석배, 『판소리 명창 박록주』, 애드게이트, 2020.
김월덕, 「전북지역 구비설화에 나타난 영웅인식」, 『구비문학연구』 4, 한국구비문학회, 1997.
박 황, 『판소리 이백년사』, 사사연, 1987.
서종문 · 정병헌 편, 『신재효 연구』, 태학사, 1997.
신재효 지음, 정병헌 옮김, 『신재효의 가사』, 지만지, 2019.
정노식, 『조선창극사』, 조선일보사 출판부, 1940.
조동일, 「영웅의 일생, 그 문학사적 전개」, 『동아문화』 10, 서울대학교 동아문화연구소, 1971.
최동현 옮김, 「이우당기 · 근제이우당서후」, 『판소리연구』 6, 판소리학회, 1995.
최동현 · 유영대 편, 『판소리 동편제 연구』, 태학사, 1998.
최동현, 『명창 이야기』, 신아출판사, 2011.
______, 「권삼득 명창에 관한 사실과 허구」, 완주예총 주최 '권삼득 명창에 관한 사실과 허구' 세미나 강연자료, 2019. 7.
한국구비문학대계 https://gubi.aks.ac.kr/
황인덕, 『완주의 구전설화』, 신아출판사, 2001.

찾아보기

ㅇ

ㅈ

ㅊ

ㅋ

ㅌ

저자소개(가나다순)

고은임

서울대학교 국어국문학과 박사

현재: 서울시립대학교 강사

주요 논문: 「한글장편소설의 관계윤리 연구」(박사논문), 「국문장편소설 여성인물의 정절 이념 전용 양상」, 「한글장편소설에 나타난 권력자의 복수」, 「부녀관계를 중심으로 읽는 〈심청전〉」 등

김민아

서울대학교 종교학과 박사

현재: 인천대학교 연구중점교수

주요 논문: 「1987년 민주화 전후 시기 사회 변동에 대한 한국 진보적 개신교 사회 운동의 대응 방안 연구」(박사논문), 「카푸토의 '약한 신학'과 안병무의 민중신학 비교 연구: 약자를 위한 신학의 가능성을 중심으로」, 「한국 복음주의 사회운동의 분화와 개신교 뉴라이트의 등장」, "Seeking Solidarity between Protestant and Catholic Churches for Social Justice in Korea: The Case of the Korea Christian Action Organization for Urban Industrial Mission (Saseon) (1976–1989)" 등

박범석

서울대학교 종교학과 박사

현재: 서울대학교 기초교육원 강사

주요 논문: 「보조지눌 사상에서 믿음의 교육이론적 의미: 신해행증(信解行證)의 수행론을 중심으로」(박사논문), 「깨달음의 실천에 관한 종교교육적 고찰」, 「욕망의 관점에서 본 불교의 교육론」, 「인권 개념의 불교교육적 쟁점」, "Responses of Korean Buddhism to the Ethos of Contemporary Korea: Three Discourses in the Wake of Modernization" 등

박병훈

서울대학교 종교학과 박사과정 및 태동고전연구소 수료

현재: 박사논문 집필 중

주요 논문: 「동학 강필 연구」, 「동학의 영부관(靈符觀) 연구: 시천교계 교단을 중심으로」, 「상주 동학교 선천회복 사상 일고(一考)」, 「〈채지가〉 연구」 등

배금란

서울대학교 종교학과 박사

현재: 서울대학교 인문학연구원 학술연구교수

주요 논문: 「신라 관음신앙 연구: 관음성현의 구조와 기능을 중심으로」(박사논문), 「염불 공효(功效)의 실천적 의미 연구: 운제산 자장암 사리분신(舍利分身) 영응(靈應) 사례를 중심으로」, 「한국불교에서 여성을 '보살'로 호칭하는 문화 원형에 대한 시론」, 「『삼국유사』 「낙산 이대성 관음 정취 조신」 조의 서사적 특징」 등

오성준

서울대학교 국어국문학과 석사

현재: 동 대학원 박사과정 재학 중

석사 논문: 「〈변강쇠가〉에 나타난 폭력 연구」

조원형

서울대학교 언어학과 박사

현재: 서울대학교 기초교육원 강사

주요 논문: 「천주가사에 대한 텍스트언어학적 연구」(박사논문), 「텍스트언어학에 기반한 '쉬운 언어(Leichte Sprache)' 텍스트 구성 시안」, 「〈로동신문〉 기사의 비난조 표현 분석」, 「정선아리랑에 대한 텍스트언어학적 분석」 등

최어진

서울대학교 국어국문학과 박사

현재: 서울대학교 강사

주요 논문: 「한글장편소설에 나타난 폭력의 형상과 의미 연구」(박사논문), 「〈장끼전〉에 나타난 폭력과 그 의미」, 「〈소현성록〉 '석파'의 혼종적 자아정체성과 그 의미」, 「판소리 문학에 나타난 '뜻밖의 결말'의 양상과 의미」 등